O CLAUSTRO

Blucher KARNAC

O CLAUSTRO

Uma investigação dos fenômenos claustrofóbicos

Com um ensaio de Meg Harris Williams
"Equívoco de Macbeth, ambiguidade de Shakespeare"

Donald Meltzer

Tradução
Maristela Spera Martins

Authorised translation from the English language edition published by Clunie Press for the Roland Harris Educational Trust (1992), now The Harris Meltzer Trust.

Título original: *The Claustrum: An Investigation of Claustrophobic Phenomena*

© 1992 Donald Meltzer
© 2017 Editora Edgard Blücher Ltda.

Blucher

Rua Pedroso Alvarenga, 1245, 4º andar
04531-934 – São Paulo – SP – Brasil
Tel.: 55 11 3078-5366
contato@blucher.com.br
www.blucher.com.br

Segundo o Novo Acordo Ortográfico, conforme 5. ed. do Vocabulário Ortográfico da Língua Portuguesa, Academia Brasileira de Letras, março de 2009.

É proibida a reprodução total ou parcial por quaisquer meios sem autorização escrita da editora.

Todos os direitos reservados pela Editora Edgard Blücher Ltda.

FICHA CATALOGRÁFICA

Meltzer, Donald.

O claustro : uma investigação dos fenômenos claustrofóbicos / Donald Meltzer; tradução de Maristela Spera Martins; com um ensaio de Meg Harris Williams : "Equívoco de Macbeth, ambiguidade de Shakespeare". – São Paulo : Blucher, 2017.

266 p.

ISBN 978-85-212-1196-9
Título original: *The Claustrum: An Investigation of Claustrophobic Phenomena*

1. Projeção (Psicologia) 2. Identificação projetiva 3. Identidade (Psicologia) 4. Psicanálise 5. Narcisismo I. Título. II. Williams, Meg Harris, 1951. III. Martins, Maristela Spera.

17-0635   CDD 150.197

Índices para catálogo sistemático:
1. Psicanálise

Conteúdo

Parte I

Introdução 9

1. A visão de Melanie Klein sobre identificação projetiva 13
2. Revisão de publicações anteriores 21

Parte II

3. A dimensão geográfica do aparelho mental 81
4. A segmentação da mãe interna 87
5. A vida no claustro 99
6. Problemas técnicos do claustro 135

Parte III

7. Saída de dentro do claustro *versus* mudança
de consciência 151

8. O papel do claustro na irrupção da esquizofrenia 159

9. Acerca da onipresença da identificação projetiva 173

10. Sintomatologia *versus* caracterologia – o processo
psicanalítico 185

11. O claustro e a adolescência 195

12. O claustro e as perversões/adicções 203

13. O claustro e a política 209

Equívoco de Macbeth, ambiguidade de Shakespeare
Meg Harris Williams 217

Índice remissivo 257

Parte I

Introdução

Junto com os nocivos excrementos, expelidos com ódio, partes clivadas do ego são também projetadas na mãe ou, como prefiro dizer, para dentro da mãe. Estes excrementos e estas partes más do self *são usados não apenas para danificar, mas também para controlar e tomar posse do objeto. Na medida em que a mãe passa a conter as partes más do* self, *ela não é sentida como um indivíduo separado, e sim como sendo o* self *mau.*
"Notas sobre alguns mecanismos esquizoides"

O curso da psicanálise mudou de forma implacável de uma hipótese explicativa simplista e um objetivo otimista de cura da doença mental, para uma aturdida descrição de fenômenos mentais. Nessa hesitante esperança de fazer mais bem do que mal, ambas as apelações – esquizoide e mecanismo – desapareceram de nosso uso dos termos processos de clivagem e identificação projetiva.

Em primeiro lugar, nenhum deles está restrito ao que Melanie Klein chamou de posição esquizoparanoide e, em segundo lugar, eles estão em um nível diferente de abstração no vocabulário psicanalítico. Processos de clivagem são modos de descrever algo que deve ocorrer para dar conta das flutuações na integração do *self* e dos objetos. Identificação projetiva, por outro lado, é o nome de uma fantasia onipotentemente implementada que afeta as relações entre partes do *self* e dos objetos nos mundos externo e interno.

Este livro é uma tentativa de reunir minhas experiências clínicas a respeito do funcionamento da identificação projetiva visto no consultório, e a partir disso extrapolar seu *insight* como um fenômeno mental importante para o desenvolvimento do indivíduo e para a evolução da sociedade que cada pessoa habita e também, em alguma medida, ajuda a produzir. Faz mais de quarenta anos desde que o trabalho modestamente apresentado da Sra. Klein marcou os limites entre suas primeiras ampliações do modelo de mente de Freud e Abraham e os mais recentes desenvolvimentos kleinianos e pós-kleinianos. Certamente sua continuação da desmontagem arrojada de Freud do conceito de unidade da mente teve um importante papel; mas o progresso nessas décadas se caracterizou muito mais pela exploração da vasta área do fenômeno da identificação projetiva. Até a lenta penetração da teoria de Bion sobre o pensamento e os grupos no trabalho clínico atual dos últimos setenta anos, a preocupação com os fenômenos da identificação projetiva, iniciando com meu trabalho sobre masturbação anal, era de fato meu principal problema de pesquisa. Menciono este trabalho em particular porque ele marca meu despertar para a operação dos processos projetivos não apenas com objetos externos, mas também com internos.

Tais ideias podem ser úteis, no início, para mostrar o alcance deste pequeno livro. Não é um exame do campo de trabalho em psicanálise que se centrou no conceito de identificação projetiva.

É, antes disso, uma tentativa de traçar a influência deste conceito em meu próprio trabalho clínico nos últimos cinquenta anos. A ênfase, após uma recapitulação de livros e trabalhos até 1988 (*The apprehension of beauty*[1] com Meg Harris Williams), será no resultado das investigações sobre o claustrofóbico, os aspectos projetivos da dupla fenomenologia da identificação projetiva. Em geral as contribuições da maioria das pessoas para as evidências da operação deste aspecto do narcisismo foram dedicadas aos fenômenos identificatórios, de grandeza, estados psicóticos depressivos, hipocondria, estados confusionais. Por outro lado, explorações acerca das perversões e adições enfatizaram o aspecto da organização narcísica consequente dos processos de clivagem. Similarmente, o esboço de Bion sobre o grupo de trabalho e o grupo de pressupostos básicos foi mais tarde ampliado por sua distinção estrutural entre a carapaça adaptativa ou exoesqueleto da personalidade, e seu núcleo ou endoesqueleto – o domínio das relações emocionais onde pensamento é transformado em realidade psíquica. Mas o entrelaçamento entre a mentalidade do grupo de pressupostos básicos e a base estrutural da organização narcísica não havia sido descoberto até *A memoir of the future*.[2] A elaboração do conceito do claustro também pretende dar firmeza a essa conexão.

Os dois passos no meu entendimento dessas questões, que surgiram como revelações e descobertas clínicas, foram a identificação projetiva com objetos internos resultante da masturbação com fantasias inconscientes intrusivas (1975) e o reconhecimento dos aspectos divididos do mundo interior da figura interna materna, primeiro delineados em *Explorations in Autism*[3] e mais tarde esclarecidos em *Dream life* (1984) e *Studies in extended metapsychology* (1986). Eu acredito que o egocentrismo do livro será perdoado. É, afinal de contas, apenas um relato de um trabalho em curso já bem conhecido para as pessoas com quem trabalho em casa e fora.

Notas

1. Meltzer, D.; WILLIAMS, M. H. (1988). *A apreensão do belo:* o papel do conflito estético no desenvolvimento, na violência e na arte. Rio de Janeiro: Imago, 1994.

2. Bion, W. R. *A memoir of the future.* London: Karnac Books, 1991. Uma memória do futuro, versões brasileiras por P. C. Sandler: vol. 1, O sonho, Martins Fontes, 1988; vol. 2, O passado apresentado, Imago, 1996; vol. 3, A aurora do esquecimento, Imago, 1996. (Trabalhos originais publicados em 1975-1979.)

3. Meltzer, D. et al. *Explorations in autism:* a psycho-analytical study. Strath Tay: Clunie Press, 1975.

1. A visão de Melanie Klein sobre identificação projetiva

Embora seu trabalho anterior tenha gerado a marca de uma ênfase sobre a concretude da realidade psíquica e, portanto, sobre objetos internalizados (os elementos estruturais do superego) e tenha estabelecido que os mecanismos de defesa são implementados por fantasias inconscientes, somente no trabalho de 1946 sobre os mecanismos esquizoides Melanie Klein passou a seguir um caminho que claramente se distinguiu do trabalho de Freud, seguindo uma direção que já estava indicada por Abraham em *Short study of the libido*.[1] Embora ela nunca tivesse abandonado a distinção entre as pulsões[2] de vida e de morte, seus métodos de descrição afastaram-se cada vez mais de priorizar a diferenciação entre ego e id nos fenômenos clínicos e seguiram em favor de falar do *self*. Esta fase foi inaugurada pela descrição dos processos de clivagem, em que partes do *self* não somente incorporaram aspectos do id, mas também aspectos do objeto interno ("Narrative", notas à 24ª sessão).[3]

A investida de "Notas sobre alguns mecanismos esquizoides" é, como o próprio título sugere, em direção à definição dos mecanismos característicos da posição esquizoparanoide; portanto, sobre a primeira parte do primeiro ano da vida pós-natal, e consequentemente a fonte de pontos de fixação, em seu ponto de vista, para as psicoses: as esquizofrenias, a paranoia e os estados maníaco-depressivos. Os medos persecutórios decorrentes dos impulsos sádico-orais do bebê, de assaltar o corpo materno e retirar os conteúdos bons, bem como dos impulsos sádico-orais de pôr dentro da mãe os próprios excrementos (inclusive o desejo de introduzir-se em seu corpo, para de dentro controlá-la) são de grande importância para o desenvolvimento da paranoia e da esquizofrenia. (p. 293, *Works III*).[4]

É preciso lembrar que naquele momento ela identificava os processos de clivagem mais arcaicos como passivos. Parece-me haver "uma tendência do ego a se despedaçar", na medida em que este mesmo ego se adapta à falta de coesão advinda da pressão desta ameaça (p. 296).[5] A clivagem ativa foi descoberta provavelmente como um desenvolvimento posterior. De grande importância foi também sua descoberta que *self* e objetos clivam, despedaçam ou são ativamente clivados, simultaneamente. "Acredito que o ego é incapaz de clivar o objeto, interno e externo, sem que ocorra uma clivagem correspondente dentro dele." (p. 298).[6] Ela parece não considerar a situação consoante: poderia o ego clivar a si próprio sem clivar seus objetos? Em sua descrição "ego" e "*self*" a princípio se alternam, gradualmente dando preferência para "clivar o *self*" quando ela passa a explicar sua visão sobre a importância desses conceitos em relação ao narcisismo. "Na medida em que a mãe passa a conter as partes más do *self* ela não é sentida como um indivíduo separado, e sim como sendo o *self* mau." (p. 300).[7] Esta mudança de "vicissitudes das pulsões" para uma visão "estrutural" do narcisismo, chamada "organização narcísica" por Rosenfeld, caracteriza as descrições de Melanie Klein a partir deste momento. Esta mesma consequência narcísica pareceu resultar da clivagem e projeção "excessivas" de partes boas do *self*: "partes boas da personalidade são sentidas como perdidas, e dessa maneira a mãe se torna o ideal do ego"[8] (não recordo sua última utilização dessa distinção; talvez tenha seguido o primeiro emprego de Freud de ideal de ego). Estas foram as primeiras descrições da identificação narcísica. O que ela quis dizer ao utilizar um termo quantitativo como "excessivamente" é enigmático. Em outro lugar parece querer dizer principalmente "de forma agressiva", embora não necessariamente "de forma destrutiva". Contudo, a questão principal da estrutura é um pouco confusa quando Sra. Klein adota a ideia de ego de Paula Heimann como "incapaz de assimilar seus objetos internos".

A concepção de identificação projetiva em "Notas" é muito pouco esclarecida pelo trabalho "Sobre a identificação" (1955), pois mesmo a conclusão de que essa fantasia opera exclusivamente sobre objetos externos é um pouco equivocada pela incerteza se os acontecimentos nos três dias que precederam a morte de Fabian aconteceram no mundo externo ou em um sonho de seu delírio terminal devido à sua doença cardíaca. De fato, muito pouco é acrescentado sobre esse fenômeno (há somente uma pequena alusão em "Inveja e gratidão", de 1957) até as notas na "Narrativa" (publicadas após sua morte). Esta fenomenologia clínica é apenas insinuada; a claustrofobia é vista somente da perspectiva do sentimento aprisionado no interior da personalidade do objeto da identificação projetiva, enquanto a relevância dos mecanismos esquizoides para as psicoses é descrita principalmente pelo ponto de vista da integração-desintegração e da regressão para a posição esquizoparanoide.

Mesmo as notas na "Narrativa" nos dão uma noção empobrecida a respeito do alcance do significado clínico desse conceito. Claramente, no final dos anos cinquenta, quando ela estava escrevendo a "Narrativa", sua concepção de identificação projetiva como um mecanismo psicótico foi alterada:

Na mesma hora Richard havia expressado sua internalização voraz da mãe, de mim, na verdade de todos, pelo seu desenho da estrela-do-mar-império. Agora, o contorno vermelho representava o processo de identificação projetiva. A parte voraz dele mesmo – a estrela-do-mar – tinha invadido a mãe; e a ansiedade de Richard, os sentimentos de culpa e de compaixão relacionavam-se ao sofrimento da mãe, ocasionado tanto por sua intrusão como pelo pai mau que a danificava e controlava internamente. A meu ver, os processos de internalização e de identificação projetiva são complementares e operam desde o início da vida pós-natal, determinando de maneira vital as relações de objeto. A mãe pode ser sentida como sendo incorporada juntamente com todos os seus objetos internalizados; e também o sujeito, que entra dentro de outra pessoa, pode ser sentido como levando consigo seus objetos (e suas relações com estes). A exploração mais extensa das vicissitudes das relações de objeto internalizadas, que em cada etapa se acham relacionadas aos processos de identificação projetiva, deve, a meu ver, lançar alguma luz sobre o desenvolvimento da personalidade e das relações de objeto.

(Narrative, p. 115, Works IV)

O significado de "complementar" é de alguma forma esclarecido por uma nota posterior: "a diminuição da violência da identificação projetiva implica, por sua vez, a diminuição dos mecanismos e defesas esquizoides e paranoides e uma maior capacidade de elaborar a posição depressiva" (p. 250, nota da 51ª sessão) e "Este [i.e. desenho 49, a águia-império usando um casaco, mostrando apenas sua face, como demonstrou Richard] é um exemplo de identificação projetiva, a que se segue de imediato, ou talvez simultaneamente, a internalização" (p. 279, nota da 56ª sessão).

Esta ideia de que a identificação projetiva e a internalização são "complementares", uma "que se segue de imediato" pela outra, talvez "simultaneamente", parece nos levar inexoravelmente em direção a um reconhecimento da invasão de objetos que já estão internalizados, mas não chega a afirmar isso. Isto está mais fortemente insinuado quando o processo de identificação projetiva é relacionado com a masturbação: "medos referentes ao interior do corpo da mãe, particularmente a luta travada com o pênis do pai no interior da mãe e em sua vagina ... referente à masturbação surgiram como consequência da análise da intensa perseguição interna" (p. 165, nota da 34ª sessão). É claro que a análise foi empreendida em 1940 e o trabalho clínico não reflete um conceito completamente formado de identificação projetiva. Além disso, nas notas, a Sra. Klein é geralmente relutante em reformular o material mantido com olhares posteriores. Mas está claro que as manifestações de ansiedades claustrofóbicas relacionadas à sala de brinquedo ou quando ele vai a algumas poucas sessões à hospedagem dela não foram vistas como evidências da operação da identificação projetiva.

Em contrapartida as notas à "Narrativa" ampliam e esclarecem o *insight* da Sra. Klein sobre o efeito no desenvolvimento da personalidade e das relações de objeto formadas por identificação projetiva de partes boas do *self*:

> *Eu sugeriria que um objeto bom firmemente estabelecido, o que pressupõe um amor por ele também firmemente estabelecido, dá ao ego um sentimento de riqueza e abundância, que faculta um extravasamento de libido e a projeção de partes boas do* self *no mundo externo sem que surja uma sensação de esvaziamento. O ego pode então sentir também que é capaz de reintrojetar o amor que distribuiu, assim como internalizar o bom de outras fontes e, dessa forma, ser enriquecido por todo o processo.*
>
> *(On Identification, p. 144, Works III)*[9]

Este círculo benigno de identificação projetiva e reintrojeção parecia estar conectado, em sua opinião, com o fato de as partes combinadas do seio e do pênis do pai estarem "perdendo sua força" (nota à 85ª sessão) e uma "maior confiança na bondade dos pais combinados" (nota à 91ª sessão). Não está claro se ela sentia que esse progresso era trazido pelo afastamento das partes más projetadas pelo abrandamento da inveja através de experiências boas ou pela clivagem e idealização do *self* e dos objetos. O trabalho clínico sugere os três.

Finalmente Sra. Klein expressa algumas observações sobre as maneiras pelas quais a clivagem e a identificação projetiva excessivas levam à introjeção indiscriminada e à falta de integração do *self*: "A introjeção indiscriminada de várias figuras é, em minha opinião, complementar à intensidade da identificação projetiva que leva ao sentimento de que partes do *self* encontram-se espalhadas – um sentimento que por sua vez reforça essas identificações indiscriminadas" (nota à 79ª sessão). O material clínico sugere que ela tem em vista os processos de participação grupal e até do fenômeno adolescente.

Nessas notas à "Narrativa", a Sra. Klein é relutante em vincular os achados teóricos às categorias de psicopatologias encontradas em pacientes adultos. Há indícios, contudo, de que ela concebe a identificação projetiva como tendo um papel na homossexualidade masculina, na promiscuidade e na inveja paranoide. Muitas contribuições estavam surgindo de outros colaboradores durante sua vida em relação às implicações clínicas da operação da identificação projetiva nos estados depressivos e maníacos, na hipocondria, nos estados confusionais e nas doenças esquizofrênicas (Segal, Rosenfeld, Bion e outros). Este papel nos processos de comunicação tornou-se um problema central nos anos seguintes, particularmente nos escritos de Bion, Betty Joseph, Money-Kyrle e outros. Todos eles pertencem aos que preenchem o modelo kleiniano da mente. O que se segue nos capítulos posteriores provavelmente deva ser considerado parte do modelo pós-kleiniano por parecer ir muito além de qualquer coisa que Melanie Klein concluíra em suas formulações e uso do conceito de identificação projetiva, e talvez possa ficar fora de qualquer coisa com a qual ela teria concordado.

Notas

1. Abraham, K. *Teoria psicanalítica da libido*. Sobre o caráter e o desenvolvimento da libido. Rio de Janeiro: Imago, 1970.

2. Optamos por traduzir *instinct* por *pulsão* seguindo as retraduções das obras de Freud e a tradução de Jean Laplanche (*pulsion*).

3. O autor refere-se às notas de Melanie Klein inseridas à 24ª sessão da análise de Richard, situada no volume 4 de suas *Obras Completas*, publicadas em 1991 pela Editora Imago.

4. Na tradução brasileira, pela Editora Imago: "Notas sobre alguns mecanismos esquizoides" in *Obras Completas de Melanie Klein*, volume 3, 1991, p. 21.

5. Ibidem, p. 24.

6. Ibidem, p. 25.

7. Ibidem, p. 27.

8. Ibidem, p. 28.

9. Na edição brasileira: "Sobre a identificação", *Obras Completas de Melanie Klein*, volume 3, p. 173.

2. Revisão de publicações anteriores

Já que o objetivo deste livro é tanto reunir minha experiência anterior e ideias sobre identificação projetiva, disseminadas em várias publicações, aperfeiçoá-las e ampliá-las com pontos de vista atuais, tudo como base para explorar algumas das mais amplas implicações sociais e políticas deste mecanismo mental, eu pensei, em primeiro lugar, republicar aqui as afirmações anteriores. Mas percebi, numa revisão, que tudo que escrevi nos últimos trinta anos está perpassado por relatos desses fenômenos. A única opção é selecionar apenas as principais publicações na ordem cronológica, extraindo delas o desenvolvimento das ideias.

Mas, como uma exceção, resolvi republicar o artigo completo "The relation of anal masturbation to projective identification". Ele representa, em primeiro lugar, uma descoberta clínica que me surpreendeu e, em segundo lugar, é certamente o lugar de partida para os desenvolvimentos subsequentes do meu pensamento nesse assunto. Como um preâmbulo é preciso mencionar que estava muito descontente com o artigo de Melanie Klein "On identification" e não soube o porquê por alguns anos. Parecia claro para mim que, independentemente do desejo do autor do romance ser ambíguo, não havia necessidade de uma ambiguidade psicanalítica. Claramente, como *Pincher Martin* de Golding, a história de Fabian representa o sonho de um homem moribundo. Os acontecimentos, portanto, pertencem diretamente ao mundo interno e não ao externo. Apenas com a redação deste trabalho em 1966 eu descobri a verdadeira razão de minha insatisfação: a tendência do artigo da Sra. Klein a continuar considerando a identificação projetiva como um mecanismo psicótico e que se dirigia principalmente, ou exclusivamente, aos objetos externos.

*A masturbação anal e sua relação com a identificação projetiva**

Introdução

Quando se tenta relacionar alguns traços de caráter do "Homem dos Lobos" a seus sintomas intestinais, Freud (1918) foi compelido a concluir que uma teoria anal de feminilidade e uma "identificação" com a menorragia de sua mãe tinham precedido a teoria do paciente de castração na feminilidade. Até o estabelecimento do conceito de "identificação projetiva" de Melanie Klein presumia-se que tal processo teria sido unicamente devido à introjeção. Em sua descrição original (1946, p. 300)[2] de identificação

---

* Nota do autor: lido no 24th International Psycho-Analytical Congress, Amsterdam, jul. 1965. *Int. J. Psycho-Anal.* 1966, v. 47, p. 2-3.

projetiva, Klein vinculou-a estreitamente aos processos anais, mas em nenhum outro lugar de sua obra escrita essa conexão foi feita tão explicitamente.

Além disso, a contribuição da analidade à formação do caráter, como estudada por Freud (1908, 1917), Abraham (1921), Jones (1913, 1918), Heimann (1962) e outros, sempre fora declarada em termos do resultado da assim chamada "sublimação" das fantasias anais na estrutura de caráter, na qual a ênfase repousou sobre a supervalorização das fezes, por um lado, e, por outro lado, sobre as consequências de se tirar a fralda na relação de objeto. O presente artigo pretende demonstrar a contribuição exercida à formação do caráter pela combinação de três fatores, funcionando numa relação complexa entre si, a saber, a valorização narcísica das fezes, as confusões em torno da zona anal (especialmente as confusões ânus-vagina e pênis-fezes) e o aspecto de identificação dos hábitos e fantasias anais baseados na identificação projetiva. Ao estudar este problema no processo analítico, em estreita colaboração com muitos colegas, fui compelido também a reconhecer que a masturbação do ânus é um hábito muito mais comum do que a literatura analítica até agora sugeriu. Freud (1905, 1917) reconheceu sua existência em crianças que empregam tanto os dedos como a massa fecal como o objeto masturbatório. Entretanto, o estudo de Spitz (1949) sobre as brincadeiras com fezes e suas conclusões, baseadas em dados observacionais e não analíticos, anunciaram uma implicação patológica severa não substanciada por nosso próprio trabalho.

Para fins de apresentação e em parte de acordo com o tema do Congresso sobre os estados obsessivos, este artigo também está focado na constelação de caráter da "pseudomaturidade", que achamos estar intimamente relacionado ao erotismo anal, um achado que de modo algum está em desacordo com as descrições de Winnicott (1965) e de Deutsch (1942), que denominaram, respectivamente, "falso *self*" e tipo de personalidade "como se". A relação entre a "pseudomaturidade" e os estados obsessivos será demonstrada e se mostrará que supõe um sistema oscilatório num certo estágio do processo analítico, lançando alguma luz sobre o que está no segundo plano do caráter obsessivo de um modo similar à descrição do cenário ciclotímico da neurose obsessiva que forneci em meu trabalho anterior (1963). O material clínico e a discussão teórica unirão os três conceitos: masturbação anal, identificação projetiva e pseudomaturidade.

A caracterologia

A clivagem-e-idealização inadequada (Klein, 1957), particularmente operativa após o desmame, na relação com as exigências por limpeza e agravada pela expectativa ou chegada de irmãos mais novos, contribui para uma forte tendência a idealizar o reto e seus conteúdos fecais. Mas essa idealização é baseada em grande parte numa confusão de identidade devida à operação da identificação projetiva, por meio da qual o bumbum do bebê e o da mãe são confundidos um com o outro, e ambos são equacionados aos seios da mãe.

À medida que reconstruímos a cena da situação analítica uma sequência típica aparece, como se segue: após uma mamada, quando colocado no berço, enquanto a mãe se afasta, o bebê, equacionando de forma hostil os seios da mãe e as nádegas dela, começa a explorar o próprio bumbum, idealizando sua forma arredondada e sua maciez e eventualmente penetrando o ânus para alcançar as fezes preservadas e retidas. Nesse processo de penetração uma fantasia de intrusão secreta dentro do ânus da mãe (Abraham, 1921) para roubá-la toma forma, através da qual os conteúdos no reto do bebê se confundem com as fezes idealizadas da mãe, sentidas como retidas por ela para alimentar o papai e os bebês em seu interior.

A consequência disso é dupla, a saber, uma idealização do reto como uma fonte de alimento e a identificação projetiva (delirante) com a mãe interna que apaga a diferenciação entre criança e adulto em relação às capacidades e prerrogativas. A urina e os gases podem também tomar posse de uma parte da idealização.

No estado excitado e confuso que resulta da masturbação anal tende a ocorrer uma masturbação com ambas as mãos do genital (falo ou clitóris) e do ânus (confundido com a vagina), produzindo uma fantasia perversa de coito sadomasoquista na qual o casal de pais internos causa muito dano um ao outro. A identificação projetiva com ambas as figuras internas que acompanha essa masturbação com ambas as mãos causa danos aos objetos internos tanto pela violência da intrusão quanto pela natureza sádica da relação sexual produzida entre eles. A hipocondria bem como as ansiedades claustrofóbicas são por conseguinte uma consequência invariável, em algum grau.

Na infância essa situação estimula uma cristalização pré-edípica (2-3) de caráter manifesta por docilidade, prestimosidade, preferência pela companhia de adultos, indiferença ou despotismo em relação a outras crianças, intolerância a críticas e grande capacidade verbal. Quando esta crosta caracterológica é momentaneamente rompida pela frustração ou pela ansiedade, revelam-se afloramentos de uma virulência de arrepiar os cabelos – ataques de cólera, lambuzar-se com fezes, tentativas de suicídio, agressões violentas a outras crianças, mentir para estranhos sobre maus tratos parentais, crueldade com animais etc.

Esta estrutura escapa ao complexo de Édipo e parece equipar razoavelmente uma criança, de modo superficial, para a vida social e acadêmica e pode prosseguir até a idade adulta relativamente sem perturbações, nem mesmo pela agitação adolescente. Mas a "pseudonatureza" do ajustamento fica evidente na vida adulta mesmo em casos em que as tendências perversas não conduziram a atividades sexuais manifestamente aberrantes. O sentimento de fraude como uma pessoa adulta, a impotência sexual ou pseudopotência (excitada por fantasias perversas secretas), a solidão interna e a confiança básica entre bom e mau, tudo isso cria uma vida de tensão e falta de satisfação, sustentada, ou melhor, compensada apenas pela presunção e o esnobismo que são um acompanhamento inevitável da identificação projetiva maciça.

Nos casos em que esta organização é menos dominante e penetrante, ou durante a análise, quando começa a ceder espaço para o processo terapêutico, ela se mantém numa relação oscilatória com uma organização obsessiva. Então os objetos internos não são penetrados, mas ao invés disso, são onipotentemente controlados e separados num nível de relação que é menos de objeto parcial, já que as dificuldades focais deslocaram-se das ansiedades de separação para os conflitos edípicos anteriormente evitados.

A identificação delirante com a mãe devida à identificação projetiva e à confusão entre ânus e vagina produzem em conjunto, na mulher, frigidez e uma sensação de feminilidade fraudulenta. Nos homens, essas dinâmicas produzem atividades homossexuais ou, mais frequentemente, um pavor intenso de se tornar homossexual (uma vez que a feminilidade intensificada não é distinta da homossexualidade anal passiva). Ou inversamente, a identificação projetiva secundária com o pênis do pai (na subsequente masturbação anal com as duas mãos) pode produzir uma qualidade fálica dominante nos pacientes, sejam homens ou mulheres, especialmente nos casos em que uma reparação onipotente (maníaca) foi mobilizada como uma defesa contra a grave depressão subjacente a todos estes casos.

A natureza da transferência

Quando essa configuração de identificação projetiva maciça com os objetos internos – geralmente num nível de objeto parcial como seio ou pênis – está ativa, a cooperação de tipo adulto no processo analítico é substituída por uma pseudocooperação ou "prestimosidade" em relação ao analista. Essa atuação se mostra um tanto servil, num desejo de convencer, de demonstrar, de auxiliar ou de aliviar o analista de seus fardos. O material é, portanto, frequentemente de tipo simplificado, às vezes fornecido em forma de "manchete" ou em interpretações superficiais de estados mentais. Todo o sentido do desejo do paciente de extrair interpretações está ausente, substituído por um desejo óbvio de elogio, aprovação, admiração ou mesmo gratidão por parte do analista. Quando estes não estão acessíveis, as ações do analista são frequentemente sentidas como evidências de falta de compreensão, ataques invejosos às capacidades do paciente, mera grosseria ou franco sadismo. Esta última forma de recepção da interpretação pode levar rapidamente à erotização e a interpretação pode ser vivenciada como um ataque sexual.

Se o paciente está produzindo sonhos, associações ou um relato factual de suas atividades cotidianas, o aspecto de atuação é tão dominante que a interpretação do conteúdo é relativamente inútil, a não ser que seja vinculada a uma clara elucidação da natureza e das bases do comportamento. Isto resulta, é claro, num tipo rabugento de nada-do-que-eu-faço-lhe-agrada. Mas, através de uma cuidadosa demonstração da atuação, de uma elucidação consistente da masturbação oculta e, finalmente, através da análise de sonhos, o progresso pode geralmente ser alcançado.

A atuação da identificação projetiva infantil com figuras internas é uma parte tão proeminente do caráter que se faz necessário empreender uma contínua demonstração de que ela contamina a vida adulta do paciente. Ainda que em face de uma intensa oposição, este exame deve também incluir áreas de maior orgulho, sucesso e aparente satisfação, como o trabalho, atividades "criativas", relações com crianças e irmãos ou a contínua prestimosidade solícita com pais idosos. A importância das roupas para as mulheres, dos carros para os homens e do dinheiro-no-banco para todos deve ser investigada, pois certamente os encontraremos carregados de significado irracional. Tão habilidosa é a simulação de maturidade de pensamento, atitude, comunicação e ação que somente os sonhos tornam possível este desembaraçamento de itens da pseudomaturidade infantil do padrão de vida adulto.

Os sonhos

Vale a pena mencionar aqui que a sensibilidade para com os aspectos anais masturbatórios dos sonhos do paciente adulto é imensuravelmente aumentada pela experiência com pacientes crianças e psicóticos. Muito do que será dito a seguir deriva sua convicção dessas fontes:

(a) Idealização das fezes como alimento – sonhos de limpar e encontrar estão nesta categoria: encontrar maçãs entre as folhas de outono, alimento na despensa vazia, chegar a lugares em que seu interior não pode ser visualizado ou a estruturas subterrâneas. Pescar e caçar também podem estar dentro dessa categoria, embora não de modo geral; mas jardinagem, compras e roubo de alimento estão, especialmente se o lugar estiver representado como sendo escuro, sujo, barato ou estranho.

(b) Idealização do reto – sonhos nos quais o reto é representado como um abrigo ou refúgio em geral aparecendo como um lugar de alimentação (restaurante ou café, cozinha ou sala de jantar), mas com qualidades que declaram seu significado. Pode ser sujo, escuro, malcheiroso, barato, lotado, fumacento, abaixo do nível do solo, barulhento, dirigido por estrangeiros, em uma cidade do exterior. A comida pode ser sem gosto, anti-higiênica, pouco sadia, gordurosa, queimada, homogênea (cremes, pudins etc.) ou servir à voracidade infantil nos aspectos de quantidade ou doçura. Nos casos em que reto e seio são confundidos, configurações como cafés ao ar livre ou mercados com essas características podem aparecer.

(c) Idealização do banheiro (Abraham, 1920) – isto frequentemente aparece em sonhos como os de sentar em lugares elevados ou excitantes, muitas vezes olhando água embaixo (lagos, desfiladeiros, córregos), ou sentar em lugares onde alimento está sendo preparado ou em posição de importância (sonhos da "Última Ceia"), ou ainda onde pessoas atrás do sonhador estão esperando por comida, pagamento, serviços ou informação (conduzindo uma orquestra, servindo num altar).

(d) Representação dos dedos que realizam masturbação anal – estes aparecem em sonhos representados como partes do corpo, pessoas, animais, ferramentas ou máquinas, sejam sozinhos ou em grupos de quatro ou cinco, com as qualidades de contaminação fecal representados de diversas formas ou negados, tais como negros, homens com capacetes marrons, ferramentas de jardim sujas ou brilhantes, luvas brancas, pessoas vestidas de preto, tratores de terraplenagem, crianças sujas, vermes, pregos enferrujados etc.

(e) Sonhos que mostram o processo de intrusão no ânus do objeto (Abraham, 1921) – mais frequentemente observado como entrando em um prédio ou um veículo, seja furtivamente, pelos fundos, com a porta com tinta úmida, com a entrada muito estreita, sendo necessário vestir roupas protetoras, no subsolo, debaixo d'água, num país estrangeiro ou fechado para o público etc.

(f) Idealização do reto como fonte de pseudoanálise – isto é frequente e pode aparecer como sebos, pilhas de jornais velhos, arquivos, bibliotecas públicas – um paciente antes de um exame sonhou que pescava no esgoto da Fleet Street[3] e apanhou uma enciclopédia.

Material clínico

Escolhi o material a seguir a fim de mostrar a complexidade das conexões com a oralidade e a genitalidade que impregnam a situação masturbatória anal e a identificação projetiva que a acompanham com tal poder defensivo.

Três anos de trabalho analítico com um jovem no final da adolescência começaram a impor que a relação dependente do seio que sua história sugeria deveria ter sido extremamente perturbada pelo fato de ele ter sido um bebê que mamava pouco, que reclamava muito e uma criança tirânica em sua dependência em relação à mãe. Sabíamos algo de sua capacidade de zombar sarcasticamente e de um jeito terrível de rir com desprezo, mas isto raramente fora desencadeado no consultório, onde seu comportamento tendia a ser superficialmente cooperativo, "produzindo fantasias", como ele dizia, tudo com um ar de insinceridade que fazia mesmo a mais simples descrição de um acontecimento cotidiano soar como confabulação. Já havíamos compreendido isto como "fingir ser insincero", mas era indistinguível para ele de "fingir que se finge que é insincero", tudo isto relacionado a um sentimento paranoide profundamente fixado de ser ouvido secretamente por um perseguidor oculto.

Ele sonhou que estava entre amigos e parecia mais uma vez, como nos tempos da escola, ser o líder. Quando alcançaram o **cume** de uma montanha ele viu um homem, que ele sabia ser um assassino, entre algumas lápides, apenas vagando. Reassegurando a seus amigos que ele sabia como lidar com o homem aproximou-se dele com um ajudante e, fingindo ser amigável, levou-o até o **fundo**[4] (do penhasco), na expectativa de extrair-lhe uma confissão.

ASSOCIAÇÕES – sua língua parece estar explorando a parte de trás de seus dentes, que parecem velhos e rachados. Isso o faz pensar em calçar chinelos[5] como os que seu pai costumava ter. INTERPRETAÇÃO – que seus dentes estão representados pelas lápides e sua língua como o assassino entre suas vítimas. Seu plano no sonho é livrar sua boca dessas qualidades perigosas e transformá-las em dedos escorregadios que podem ser levados até seu bumbum, onde as vítimas podem ser identificadas em suas fezes. Mas através deste plano seu dedo-no-bumbum fica confundido com o pênis-do-pai-na-vagina-da-mãe, uma fonte importante do papai--nazista-que-mata-os-bebês-judeus-da-mãe, que conhecíamos tão bem do trabalho anterior. ASSOCIAÇÕES – ele sente como se uma serra circular estivesse cortando sua coxa (uma referência à cirurgia de hérnia na puberdade). Ele se imagina com suas costas voltadas para portas duplas e o analista do lado de fora tentando abri-las (projeção da abertura das nádegas sobre o analista-cirurgião-pai). ASSOCIAÇÃO – uma moldura de quadro dourada[6] ornamentada com entalhes (a interpretação do analista é um quadro ornamentado destinado a enquadrá-lo revelando sua culpa), a máfia – a mão preta. Um barco indo por um canal que está modelado para adaptar-se ao seu casco sem quilha (o pai da máfia-fascista enfiando o grande e preto pênis-dedo em seu canal anal, reassegurando-lhe num sotaque italiano: "Não tem quilha!").

Estas associações são típicas dos trocadilhos que caracterizam as fantasias masturbatórias anais compulsivas.

Quatro semanas depois, aproximando-se do feriado de Natal, num estado de ressentimento e dificuldade crescente no trabalho devido a uma atuação, ele chegou quinze minutos atrasado e deixou pegadas de lama de uma rua não asfaltada (um atalho da estação de metrô até o consultório) em minha sala. Somente uma vez antes ele fizera isto.

ASSOCIAÇÕES – ele teve sonhos considerados lixo durante o final de semana e sente-se relutante em impô-los ao analista. INTERPRETAÇÃO – este desejo consciente de poupar contrasta com um desejo inconsciente de sujar o analista por dentro e por fora com suas fezes, um pouco do que foi atuado ao deixar pegadas de sujeira na sala. O paciente olhou surpreso para o chão e se desculpou. ASSOCIAÇÕES – Na noite de sábado ele sonhou que estava se debatendo e retorcendo de dor devido a um dedo deslocado (mostra o dedo indicador esquerdo ileso). INTERPRETAÇÃO – ligação com o sonho das lápides. A aflição sentida como sendo devida à retirada de seu dedo-assassino (máfia) de seu lugar de costume. ASSOCIAÇÕES – mas então ele parecia estar na escola, ocioso e entediado. Ele perambulou pelo banheiro dos homens, onde parecia estar uma banheira bonita, grande e limpa. Decidiu tomar um banho, mas então o banheiro se transformou num pequeno e imundo banheiro de estação, com escritos e figuras pornográficas na parede, bem de frente a uma grande loja de departamentos. Ele não conseguia decidir o que fazer porque o pessoal da loja ficava olhando para ele de forma suspeita. Ele permaneceu entrando e saindo do banheiro, até que finalmente entrou na loja para roubar algo.

Este sonho mostra com clareza inusitada o modo como a situação atual de separação (o dedo deslocado no final de semana entediante) leva a uma sequência de eventos infantis, primeiramente molhando-se (o banho) com urina quente, em seguida explorando seu ânus (o banheiro imundo), tornando-se cada vez mais sexualmente estimulado (a pornografia) e preocupado com as fantasias de identificação projetiva sobre a parte inferior (*bottom*) do corpo da mãe (o banheiro-reto do lado oposto à loja de departamentos-vagina com o pessoal vigilante-pênis) e seu desejo de roubá-la.

O sonho de domingo à noite, aproximando-se com alguma ansiedade da sessão de segunda-feira, revela a continuação do estado infantil, agora um bebê com fralda, bumbum e berço sujos. No sonho ele queria trocar suas roupas para uma festa que ele e seus amigos estavam dando em seu *flat*, mas todos os cômodos estavam lotados de convidados, rindo, bebendo e fumando (sua fralda e seu berço sujos). Mas então ele estava no parque e sentia-se feliz entre a folhagem, ainda que não estivesse vestindo nada além de uma camiseta (o bebê chutou sua fralda e idealiza seu bumbum e seu berço sujos). Ele encontra uma bola de futebol para chutar e logo outros se juntam a ele no jogo (brincando com suas fezes).

Este último estado, a autoidealização através de exercícios, aparecera literalmente em centenas de sonhos nos primeiros dois anos de sua análise. Aqui vemos em detalhe sua derivação. Vale a pena mencionar que este paciente sofrera de uma diarreia crônica, embora não ulcerativa, desde a tenra infância e que abrandara uns oito meses antes na análise.

A masturbação anal oculta

A reconstrução a partir da transferência indica que a masturbação anal se torna oculta muito cedo na infância e tende a permanecer despercebida e não reconhecida em seu significado daí por diante, exceto quando francas perversões se manifestam na adolescência ou mais tarde. Referi-me a ela como "oculta" para enfatizar aqui a habilidade inconsciente com a qual é ocultada do escrutínio.

A forma mais comum (ver Freud e Abraham) utiliza a própria massa fecal como estímulo masturbatório. Tanto sua retenção, sua lenta expulsão, expulsão rítmica parcial e retração, como sua rápida, forçada e dolorosa expulsão são acompanhadas pelas fantasias inconscientes que alteram o estado do ego. Esta mudança no estado mental pode ser notada em pacientes crianças quando eles retornam após terem defecado durante as sessões. O hábito de ler no banheiro, métodos especiais de limpeza do ânus, uma preocupação especial quanto a deixar cheiro ruim, ansiedade em relação a manchas de fezes nas roupas íntimas, unhas habitualmente sujas, cheirar secretamente os dedos etc., todos estes são indicadores sugestivos de masturbação anal oculta. Mas esta pode ser habilmente oculta longe do ato da defecação: em hábitos de banho, na utilização de roupas íntimas apertadas, ao andar de bicicleta, andar a cavalo ou em outras atividades que estimulam as nádegas. A mais difícil de localizar talvez seja a reclusão da masturbação anal na relação genital sexual, que é invariavelmente o caso, até certo ponto, enquanto o ânus e a vagina ainda estão confundidos entre si. Por outro lado, como na "Carta Roubada" de Poe, ela pode estar claramente ao alcance da visão – como na constipação por enemas, em supositórios para fissuras recorrentes *in ano* etc. –, mas seu significado ser negado.

Embora não seja parte de minha técnica comentar sobre o comportamento do paciente no divã, nem pedir associações a isto, o exame minucioso dos padrões de postura e movimento e sua ligação com o material onírico de fato nos permite, às vezes, uma interpretação frutífera do comportamento. Por estes meios, a série de variedades da masturbação anal pode ser revelada e pode ser estabelecida uma pesquisa mais bem-sucedida da estimulação anal presente. Por exemplo, um paciente que frequentemente mantinha ambas as mãos em seus bolsos, reconheceu, através de um sonho, que este comportamento era acompanhado por vezes de um movimento de ficar puxando algum fio solto. Isso levou ao *insight* de que ele tinha um hábito de ficar desembaraçando com as mãos os pelos perianais antes de defecar para que estes não estragassem a forma de sua massa fecal emergente.

O processo analítico

Os primeiros anos de análise nestes casos envolvem primordialmente a resolução da autoidealização e da falsa independência, através do estabelecimento, na transferência, da capacidade de utilizar o seio analítico para alívio projetivo (o seio-banheiro). O alívio de estados confusionais (Klein, 1957) toma a frente, especialmente naqueles estados de confusões de identidade e, portanto, relativas ao tempo e ao diferencial adulto-criança que caracterizam a identificação projetiva maciça. É apenas após muitos anos, quando a ligação com o seio nutridor está se desenvolvendo e a tolerância às separações está sendo invocada de forma rítmica nos fins de semana e nas férias, que esses processos podem ser investigados de forma precisa e frutífera. Parece certo que, a menos que a masturbação anal oculta possa ser descoberta e sua produção insidiosa de estados egoicos aberrantes eliminada na fonte, o progresso ulterior será seriamente impedido.

Isso nos traz um ponto da maior importância em nossa exposição, para a qual eu sugeriria, de acordo com minha experiência, que a dinâmica aqui descrita é frequentemente de uma estrutura tão sutil, a pressão sobre o analista para afiliar-se na idealização da pseudomaturidade tão grande, e as ameaças subjacentes de psicose e suicídio comunicadas de forma tão dissimulada, que muitas das análises de "sucesso" que fracassam meses ou anos após o término podem entrar nessa categoria. Portanto é necessário também salientar que a posição contratransferencial é extremamente difícil e repete em todos os sentidos o dilema dos pais, que se veem com uma criança "modelo", contanto que se abstenham de ser claramente pais, seja na forma de autoridade de ensino ou de oposição às reivindicações relativamente modestas por privilégios além daqueles que a idade e as habilidades da criança poderiam qualificá-la de forma razoável a ter.

Esta sedução não pode ser considerada como mera hipocrisia nem sua qualidade amorosa, uma falsidade. Longe disso, uma ternura tipo Cordélia[7] pode ser bastante genuína, mas as precondições para amar são incompatíveis com o crescimento, já que são ao mesmo tempo, intensamente possessivas e sutilmente denegridoras de seus objetos. O término da análise é silenciosamente perseguido como uma autorização para uma relação não analítica e interminável com o analista e com a psicanálise. Não é necessário dizer, portanto, que a configuração descrita neste artigo é de especial interesse e preocupação para o analista com pacientes que possuem uma ligação profissional ou social com a psicanálise.

Em minha experiência, quando o analista resiste firmemente à sedução para a idealização de uma conquista de pseudomaturidade, em sua nova edição modificada e "analisada", o paciente pode forçar a interrupção da análise por razões ostensivamente "realistas". Isto pode ser feito através do manejo de uma mudança geográfica, de uma mudança de estado civil, da promoção de uma oposição de um dos pais ou do companheiro, contraindo obrigações financeiras que tornam impraticável o pagamento da análise etc., enquanto ainda se agarra à transferência positiva idealizada. Se a penetração analítica tem sucesso, um período de transferência violentamente negativa e uma não cooperatividade manifesta devem ser esperadas e podem se provar intratáveis. Isto toma a forma de uma inocência ferida, autopiedade e queixa constante de que a sugestão do analista sobre a existência e continuidade da masturbação anal é de fato doutrinária, ou uma projeção ou uma manifestação de interferência externa (por exemplo, de um supervisor).

Graças ao constante esclarecimento trazido pelos sonhos é geralmente possível que o analista se mantenha firme. Gradualmente, através do estímulo por uma maior cooperação quanto a associações conscientemente recusadas e maior atenção aos hábitos corporais, o analista pode trazer à luz a masturbação anal oculta. Com isso a transferência com o seio nutridor abre caminho através das restrições impostas a ela pela idealização das fezes. Tornam-se possíveis pela primeira vez experiências desenvolvidas, dolorosas e analiticamente frutíferas de ansiedade de separação.

Neste ponto do processo analítico, a relação com a caracterologia obsessiva se torna evidente. A oscilação entre os dois estados, a pseudomaturidade e os estados obsessivos, pode ser observada à medida que o complexo de Édipo, em seus aspectos genitais e pré-genitais, chega ao primeiro plano da transferência. Pode-se compreender que, por todas as implicações edípicas do material anterior que exigiram interpretação, uma experiência plena do conflito edipiano somente se torna possível quando a diferenciação entre as partes adulta e infantil do *self* foi assim arduamente estabelecida.

Material clínico adicional

O material clínico a seguir visa demonstrar o modo como o fortalecimento da aliança com objetos bons internamente e com o analista, na transferência, torna possível uma nova posição contra velhos hábitos anais. O paciente em questão veio para a análise por causa da falta de direção em seu trabalho, mas a análise logo revelou também a estrutura pseudomadura esboçada no artigo. Também trouxe à luz uma permanência pouco reconhecida de hábitos e preocupações anais que puderam ser remontados na anamnese a jogos com um irmão mais velho, que provavelmente nunca foram manifestamente sexuais. Mas a clivagem e projeção inconscientes de uma parte má do *self* para dentro do irmão teve papel importante na autoidealização subjacente à "bondade" do paciente enquanto criança. Na verdade, o irmão não era de modo algum uma criança má ou um irmão mau.

Próximo ao feriado de Natal a fissura recorrente *in ano* do paciente tornou-se novamente ativa, à medida que o material pendia em direção aos padrões de intrusão anal em objetos internos já bem conhecidos neste quarto ano de análise.

Numa terça-feira, ele relatou ter se sentido doente e resfriado desde a sessão insatisfatória do dia anterior. Sonhou que estava em uma casa com um homem da idade de seu irmão mais novo, que também era o próprio paciente quando mais jovem. Este sujeito parecia, a princípio, amigável e agradável e estava dizendo ao paciente que os corpos dos inspetores de polícia, frequentemente num estado de decomposição avançada, haviam sido encontrados por toda a Inglaterra. Somente quando ele mencionou que havia um deles no quarto ao lado, coberto por um lençol, o paciente ficou alarmado. Quando o jovem o convidou a vê-lo e o paciente objetou, foi criada uma situação de tensão. O paciente recuou até a porta e finalmente saiu correndo enquanto o jovem investiu para cima de sua garganta. Para sua surpresa havia policiais lá fora que lhe reasseguraram que já tinham sido feitos bloqueios de estradas e o jovem assassino seria capturado.

No segundo sonho da mesma noite, ele se encontrava andando na calçada, nu exceto por uma fina toalha de banho, muito envergonhado por seu pênis estar visível. Pensando em ir mais rápido para casa e pôr fim ao sofrimento, ele dirigiu-se a uma estação, mas foi interceptado por um mendigo que o convidou para ir a seu alojamento, que estava próximo. Ele aceitou alegremente, mas uma vez na cama do mendigo ele não podia dormir, pois o mendigo ficava de pé ao lado da cama durante toda a noite, aterrorizando-o.

Notem o contraste entre estes dois sonhos. No primeiro ele é capaz de resistir ao envolvimento em ataques anal-sádicos edípicos contra os papais-inspetores-de-polícia e se vê confortado pela relação externa com o analista e com o processo analítico de bloqueio das estradas. Mas no segundo sonho a humilhação edípica na análise-banheiro o leva a recuar à preocupação anal com o pênis-fecal do irmão-mendigo mau em seu reto (a constipação, que é um prelúdio regular à atividade de sua fissura anal).

Na sexta-feira, ele reclamou de sua constipação e mencionou que começara a fazer uma dieta de um modo obsessivo. Ocorrera um incidente engraçado na noite anterior, no qual uma mosca "gorda" zumbia pela casa, pousando finalmente sobre um vaso.

Quando ele anunciou sua intenção de "mostrar a porta ao velho cavalheiro", pegando o vaso com a indolente mosca sobre ele, seu filho pequeno pegou seu braço espirituosamente e levou-o em direção à porta. Ele sonhou que estava esperando por um corte de cabelo numa fila, mas estava demorando tanto – apesar do fato de que tanto o homem quanto como sua esposa estavam atendendo seus clientes em duas cadeiras – que ele ficou desesperado. Em seguida ele se viu deitado confortavelmente num pequeno barco de fundo achatado que atravessava um pequeno túnel (parecido com o que ele tinha estado quando criança numa visita ao Papai Noel em uma grande loja de departamento). Quando o barco ia fazer uma curva em ângulo reto para a esquerda, ele encalhou. Então o paciente colocou sua mão direita na água, fazendo um movimento de escavação (como ele havia feito na noite anterior, para limpar a pia da cozinha, quando o ralo estava entupido). Mas ele percebeu com um choque que seus dedos estavam na boca de um mendigo, deitado na água debaixo do barco e a ponto de mordê-lo (ansiedade em relação à constipação levando à abertura de sua fissura, em contraste com o gentil "motrar-ao-velho-gordo-cavalheiro-(mosca)-a-porta").

É impressionante em seu sonho a confirmação da intolerância à separação (o divã-barco virando para a esquerda; na verdade, quando o paciente deixa o divã é *ele* que faz uma curva em ângulo reto para a direita) e a volta do irmão mendigo-fezes para dentro do túnel-Papai-Noel da mãe. Reparem como o desejo de livrar-se gentilmente de seu rival edípico (como a brincadeira de seu filho deixa claro) leva-o novamente a aliar-se ao irmão mendigo – o pênis fecal constipado – e à defecação anal masturbatória do tipo abrir-a-fissura. O desejo infantil de tomar o papai velho e expeli-lo de forma anal ainda está esmagadoramente ativo, ainda que a luta do paciente contra um abandono ao sadismo anal já estivesse em curso.

Três semanas depois, numa segunda-feira, ele relatou estar em um estado de ânimo peculiar, cheio de sentimentos intensos e misturados em relação à análise, consciente de que um *insight* recente o ajudou a refrear um tipo frequente de comportamento provocativo em relação à sua esposa, mas muito preocupado e ressentido com as férias iminentes. Ele sonhou que estava em um pequeno lago próximo ao meu consultório, esperando para ir à sua sessão. Um homem estava pescando, embora não houvesse peixes naquele lago, e teve um de seus dois anzóis preso no fundo. O paciente tinha que soltá-lo, mas estava com medo que o homem cruelmente mantivesse a linha esticada e fizesse com que o paciente ficasse enganchado. De fato, foi exatamente o que aconteceu. Determinado a se soltar, ele puxou o anzol para fora de seu dedo com alicates, rasgando com ele um pedaço de carne. Para fazer um curativo ele precisava ir até uma cidade fora de Londres para ver o embaixador americano. Este estava sendo celebrado numa carruagem puxada por cavalos antes de voltar aos Estados Unidos; mas deixou a carruagem e fez o curativo no dedo do paciente e o levou para casa. Ali o paciente, sentindo-se muito feliz, assistiu o embaixador e sua família almoçarem, separados dele por uma divisória perfurada.

Aqui, antes de um período de férias, a luta para aceitar o sofrimento edípico (a ferida em seu dedo, ligada à circuncisão) e libertar-se da adicção da masturbação anal (o homem com seu anzol preso no fundo do lago, ligado ao pênis fecal do irmão-mendigo) avançou com delírio que teve um *insight* claríssimo. É interessante que subsequentemente nas duas ocasiões ele desenvolveu uma inflamação aguda de um dos dedos indicadores aos fins de semana.

Resumo

Com o propósito de ilustrar uma tendência atual de nossas pesquisas sobre a íntima relação entre a identificação projetiva e a masturbação anal, optei por descrever as manifestações da transferência de um tipo de distúrbio de caráter observado com relativa frequência entre as muitas pessoas inteligentes, bem-dotadas e aparentemente bem-sucedidas que procuram análise, ou seja, casos de "pseudomaturidade". O conceito de identificação projetiva, descrito pela primeira vez por Melanie Klein, abriu caminho para uma investigação nova e frutífera de aspectos, até hoje inexplorados, da analidade. Ao demonstrar como a identificação projetiva com objetos internos é induzida pela masturbação anal, revelou-se uma concepção mais rica da origem e significado da valorização narcísica das fezes, ligando assim, com mais segurança, a fase anal ao sintoma e à patologia do caráter.

Referências

Abraham, K. (1920). The narcissistic evaluation of excretory processes in dreams and neurosis. In *Selected Papers*. London: Hogarth Press, 1927.

Abraham, K. (1921). Contributions to the theory of the anal character. *Ibid*. [Ed. bras.: Contribuição à teoria do caráter anal. In *Teoria psicanalítica da libido*. Rio de Janeiro: Imago, 1970.]

Deutsch, H. (1942). Some forms of emotional disturbance and their relationship to schizophrenia. *Psychoanalytical Quarterly*, 11.

Freud, S. (1905). *Three Essays on the Theory of Sexuality*. (S. E., vol. 7). [Ed. bras.: *Três Ensaios sobre a Teoria da Sexualidade*. (E. S. B., vol. 7). Rio de Janeiro: Imago, 1972.]

Freud, S. (1908). *Character and anal erotism*. (S. E., 9). [Ed. bras.: *Caráter e erotismo anal*. (E. S. B., vol. 9).]

Freud, S. (1917). *On transformations of instinct as exemplified in anal erotism*. (S. E., vol. 17). [Ed. bras.: *As transformações do instinto exemplificadas no erotismo anal*. (E. S. B., vol. 17).]

Freud, S. (1918). *From the history of an infantile neurosis.* (S. E., vol. 17). [Ed. bras.: *História de uma neurose infantil.* (E. S. B., vol. 17).]

Heimann, P. (1962). Notes on the anal stage. *International Journal of Psycho-Analysis, 43.*

Jones, E. (1913). Hate and anal erotism in the obsessional neurosis. In *Papers on Psycho-Analysis* (2. ed. e subsequentes). London: Baillière, 1918.

Jones, E. (1918). Anal-erotic character traits. *Ibid.*

Klein, M. (1946). Notes on some schizoid mechanisms. In *Developments.* In *Psycho-Analysis.* London: Hogarth Press, 1952. [Ed. bras.: Notas sobre alguns mecanismos esquizoides. In *Obras Completas de Melanie Klein*, vol. 3. Rio de Janeiro: Imago, 1991.]

Klein, M. (1957). *Envy and Gratitude.* London: Tavistock. [Ed. bras.: Inveja e gratidão. In *Obras Completas de Melanie Klein*, vol. 3. Rio de Janeiro: Imago, 1991.]

Meltzer, D. (1963). A contribution to the metapsychology of cyclothymic states. *International Journal of Psycho-Analysis, 44.*

Spitz, R. (1949). Autoerotism. *Psychoanalytic Study of the Child*, 3-4.

Winnicott, D. W. (1965). *The Maturational Processes and the Facilitating Environment.* London: Hogarth Press. [Ed. bras.: *O ambiente e os processos de maturação: estudos sobre a teoria do desenvolvimento emocional.* Porto Alegre: Artes Médicas, 1983.]

***

Acreditei muitas vezes que este era o melhor e mais interessante artigo que eu já escrevera. Estudei a pseudomaturidade em crianças durante meus anos como um psiquiatra infantil nos EUA, durante meu treinamento freudiano, mas sem captar algo da presente constelação. Meu interesse agora estava voltado principalmente nas evidências da identificação projetiva com objetos internos, embora até agora eu tenha uma pequena dúvida a respeito do alcance de tais operações. Como na descrição de Klein, eu havia discernido o aspecto identificatório na qualidade de delirante e de maníaco. Enquanto o material clínico revelou qualidades do espaço – reto da mãe – eu ainda não o via como espaço vital. Por isso, não havia realmente captado as implicações claustrofóbicas no material.

O artigo não trata suficientemente do aspecto da onipotência com o qual a fantasia de intrusão é realizada, e, portanto, não enfatiza a importância do ato masturbatório em si e a excitação por ele provocada. Talvez a ênfase de Klein na importância das fantasias inconscientes – em vez das conscientes – que acompanham a masturbação tenha desviado sua atenção da importância da excitação e do orgasmo. Tenho comprovado que o significado do ato da masturbação é uma questão totalmente independente daquela sobre as fantasias, seja consciente ou inconsciente. O trabalho com adultos e crianças psicóticas convenceu-me de que o ato da masturbação – de qualquer orifício ou parte do corpo – deriva sua urgência e sua força frequentemente compulsiva de sua capacidade de gerar onipotência. Esta questão foi trabalhada no Apêndice de *The psychoanalytical process*.[8]

Voltarei agora minha atenção a este livro, publicado por Heinemann e reimpresso pela Clunie Press. Embora *Explorations in autism*,[9] escrito com John Bremner, Shirley Hoxter, Doreen Weddell e Isca Wittenberg, não fora publicado até oito anos depois, em 1975, o trabalho atrás de ambos os livros acontecia ao mesmo tempo. Ambos surgiram de minha conexão com a formação em psicoterapia infantil na Clínica Tavistock, dirigida primeiramente por Esther Bick e, mais tarde, por Martha Harris. Uma experiência rica de supervisão do trabalho com crianças, com uma grande liberdade para proferir conferências sobre o que fosse de meu interesse, foi como uma estufa para cultivar minhas ideias – promovendo o que foi provavelmente o período mais rico de minha vida analítica. As ideias de Bion estavam influenciando fortemente meu trabalho com pacientes adultos, mas sem dúvida a fenomenologia da identificação projetiva tinha uma posição predominante em meus interesses, em particular com as crianças. Os eventos na sala de brinquedo reproduzem as fantasias infantis de modo concreto. Permitam-me apresentar a elegante descrição de Shirley Hoxter a respeito do modo como Piffie entrava na sala de brinquedo:

> *A maneira tão literal com que ele vivencia colocar-se para dentro de meu corpo era demonstrada pelo roteiro que ele desenvolveu para entrar na casa e fazer seu caminho até meu consultório no andar de cima. Ao entrar na casa ele fazia um mergulho no chão. Então ele engatinhava devagar e dolorosamente até o andar de cima batendo sua cabeça contra cada degrau e dizendo: "Vem, me ajuda a tirar esses degraus chop-chop[10] para fora." Ou frequentemente ele tirava um pedaço do degrau e batia em cada degrau, dizendo: "Bebê, bebê", ou segurava o bastão em frente ao seu pênis e usava-o para atravessar seu caminho em direção à sala. Logo antes de entrar na sala, às vezes ajoelhava-se e girava como se fosse uma broca, dizendo: "Mamãe-buraco" e fazia círculos com suas mãos, dizendo: "Pipi buraco". (p. 168)*

Uma fenomenologia semelhante manifestada na transferência com pacientes adultos, como mencionado no artigo "Masturbação anal", é sutil em comparação às crianças e pode ser difícil de ser reconhecida por analistas que não trabalharam com crianças, de onde deriva a convicção sobre a concretude dessas atividades para a realidade psíquica.

A conclusão dessa experiência acumulada com crianças – que para meu assombro se mostra muito fortalecida – em conferências extemporâneas em Buenos Aires foi a descrição da "Ordenação das confusões geográficas" em "O processo psicanalítico". Visto que é breve e condensado, eu o reproduzirei na íntegra e então discutirei sobre ele.

A ordenação das confusões geográficas

No primeiro capítulo, descrevi minha experiência sobre a fase inicial do processo analítico com crianças, tendo como tese central a afirmação de que este processo tem uma história natural própria, determinada pela estrutura do aparelho mental em níveis inconscientes profundos. Se este processo é conduzido de forma adequada pelo analista através da criação de um contexto adequado e de uma intervenção interpretativa suficientemente correta e oportuna, a ponto de modificar as ansiedades mais severas e facilitar sua elaboração, uma sequência de fases pode ser vista emergindo (sobretudo em retrospectiva), a segunda das quais desejo ilustrar agora.

A separação do primeiro final de semana estabelece uma modalidade de relação a níveis profundos do inconsciente, que é aumentada em intensidade à medida que os processos infantis de transferência são reunidos e trazidos à luz na análise. Esta modalidade, ou a tendência para ela, é aliviada por toda experiência regular de separação e, mais tarde, na análise, será reavivada por cada interrupção não planejada na continuidade da análise. A modalidade a que me refiro é a tendência infantil para a identificação projetiva maciça com objetos externos e logo, também, com objetos internos. Esta surge de uma configuração de motivos e dá origem a um espectro de consequências que necessitam de um exame detalhado. Em primeiro lugar, no entanto, um princípio econômico geral deve ser esclarecido. A duração da fase dominada por qualquer organização transferencial em particular não é de fato previsível atualmente, visto que os fatores que governam a mobilização de defesas, a intensidade do impulso em direção à integração, a capacidade de aceitar dependência etc., são todos atualmente obscuros e geralmente reunidos sob a rubrica de "constitucionais", o que, qualquer que seja sua referência biológica, na prática, provavelmente significa que nós somente podemos avaliá-los em retrospectiva, mas não em prospectiva. Em segundo lugar, a expressão "dominar a transferência" deve também ser tomada como relativa, já que o aspecto econômico desta disposição é obscuro. O processo analítico é cíclico e as fases que tracei aqui de modo panorâmico podem, em algum grau, aparecer em sequência, em cada sessão, cada semana, cada período, cada ano, ou seja, em todos os quatro momentos cíclicos do processo analítico. A fase em questão, sendo concernente à experiência de separação e de identidade separada, tende naturalmente a predominar no início e no fim de tais ciclos – sessão, semana, período, ano. Contudo, seria razoável dizer que a análise em si está sendo "dominada" por este dinamismo, na medida em que ele ocupa uma parcela importante do tempo analítico e até que as ansiedades que estão em causa sejam elucidadas para que a elaboração possa começar. Provavelmente, é correta a visão de que essa elaboração nunca cessa completamente, que é somente outro modo de dizer que a luta contra a regressão e a desintegração é contínua.

Voltando agora aos diversos motivos subjacentes à tendência para a identificação projetiva maciça, os principais poderiam ser sumariamente listados como segue: intolerância à separação; controle onipotente; inveja; ciúme; falta de confiança; ansiedade persecutória excessiva. Estes parecem sobrepor-se imediatamente, ou melhor, encadear-se.

(1) Pode-se dizer que a intolerância à separação existe quando está presente uma dependência absoluta em relação a um objeto externo, no intuito de manter a integração. Isto pode ser observado em crianças autistas e esquizofrênicas, nas quais a necessidade de contato físico ou constante atenção, ou de ser mantidas em contato através de verbalização constante revela a ausência do equivalente psíquico da pele. Elas necessitam de um objeto externo para manter as partes do *self* unidas para que então se forme uma área de espaço vital dentro dele, a qual possa conter os objetos da realidade psíquica.

(2) Quando a diferenciação entre bom e mau está mal definida devido a uma clivagem-e-idealização do *self* e dos objetos inadequada ou falha, o uso da identificação projetiva para propósitos de controle onipotente pode operar como uma precondição para uma relação objetal, de preferência, para a organização narcísica. Isto é evidente em estruturas muito paranoides (ver o artigo de Betty Joseph "Persecutory anxiety in a four year old boy", *International Journal of Psycho-Analysis*, v. XLVII).

(3) Não precisamos dedicar muito tempo ao papel da inveja, pois este já fora amplamente explorado por Melanie Klein em "Inveja e gratidão" e "Sobre a identificação".

(4) O ciúme é uma emoção complexa e sua diferenciação da inveja, frequentemente, pode ser, de certo modo, mais complicada do que a formulação bipessoal ou tripessoal sugerida por Melanie Klein. Esta dificuldade vem de duas direções: existe uma elaboração primitiva da inveja da mãe ou do pai,

ou de seu coito, que é tão oral, tão de objeto-parcial e tão santificada em sua aplicação, que a chamei de "ciúme delirante" (apesar de se aproximar perigosamente do termo "delírio de ciúme", usado na literatura psiquiátrica sobre a paranoia etc.). Este ciúme é delirante porque é baseado em uma relação **onisciente** com o corpo da mãe, que representa bebês internos se satisfazendo de todas as maneiras possíveis, especialmente das maneiras mais desejadas e frustradas na organização infantil. Na realidade não é ciúme porque é de fato uma representação desviada de uma atitude invejosa frente às figuras adultas.

Em segundo lugar, existe um ciúme possessivo, que se afigura ser uma forma de amor primitiva, altamente oral e de objeto parcial. É uma relação bipessoal e ainda assim não é inveja de fato; poderia ser incluído na descrição de Melanie Klein da inveja-do-seio-que-nutre-a-si-mesmo. Ocorre com intensidade extraordinária em crianças autistas e em crianças cujo impulso em direção à maturidade é tão fraco que seu desejo é de se manter infantil ou de morrer. Em seu inconsciente isto significa voltar-a-dormir-dentro-da-mãe. É esta forma primitiva de ciúme possessivo que desempenha um papel importante na perpetuação da identificação projetiva maciça desse tipo peculiar de afastamento, como na sonolência.

(5) É mais duvidoso que a falta de confiança seja um fator nesta fase, uma vez que é, geralmente, uma consequência da projeção excessivamente destrutiva. Mas penso que ela pode ser isolada em uma forma particular, relacionada com o caráter dissimulador ou astucioso. Quando o modo de entrada na identificação projetiva é realizado, em fantasia, por uma decepção ou ardil, mais do que por violência, a

desconfiança do objeto e a consequente claustrofobia são intensas, visto que o objeto é suspeito de superastúcia em sua aparente vulnerabilidade. Este me parece ser um fenômeno distinto, que não pode ser atribuído a inconsistência dos pais ou à decepção, já que aparece na análise como uma preferência positiva por um mundo de engano. Este desempenha um importante papel na paranoia e na atitude perversa em geral.

(6) Finalmente, chegamos ao fator da excessiva ansiedade persecutória. Aqui, penso estarmos agora em condições de fazer uma distinção qualitativa para ampliar o princípio quantitativo geral estabelecido por Melanie Klein, com especial referência ao que W. R. Bion chamou de "terror anônimo"*[11] e que descrevi como "terror". Em ambos os casos, as ansiedades paranoides, que são fundamentalmente insuportáveis, têm sido descritas como distintas de outras formas de perseguição, que podem alcançar uma intensidade que as tornam insuportáveis em quantidade.

Antes de delinear as consequências deste ataque maciço à individualidade dos objetos e do analista na transferência, é útil uma tentativa de catalogar brevemente algumas das manifestações comportamentais típicas vistas na sala de brinquedo. Uma classificação possível pode ser como a que segue: (a) utilização do corpo do analista como uma parte do *self*; (b) utilização da sala como o interior de um objeto; nessas situações o analista tende a representar um objeto parcial dentro deste objeto, enquanto também é equacionado com o objeto; (c) inversão da relação adulto-criança; onde o analista é usado para conter e representar uma parte alienada do *self* infantil; (d) exercício de controle onipotente sobre o analista.

---

* Nota do autor: *Learning from experience* (Heinemann, 1962).

(a) É mais característico de crianças mais novas e de crianças autistas e muito psicóticas fazer uma aproximação frontal ao corpo do analista. Aqui, a técnica desempenha um importante papel na determinação de sua perseverança ou de sua mutação para formas que empregam, de certo modo, maior formação simbólica. Provavelmente, as crianças autistas são as mais persistentes nesse campo, a despeito das tentativas técnicas de desviá-las, e talvez se deva tolerar o fato temporariamente, caso a criança esteja claramente movida pela ansiedade ante a fragmentação. Subir no colo, olhar dentro dos olhos, orelhas e boca, representações concretas de comer as palavras do analista, projetar a cabeça contra o abdômen do analista, rodear o corpo com os braços do analista, forçar o genital ou as nádegas contra o analista – estes são alguns modos típicos de aproximação. Quando cessam, segue-se uma reação maníaca quase imediata, e uma mudança de material pode ser observada. Um menino autista se lançará sobre a janela num gesto de triunfo em direção aos pássaros no jardim, embora eles sejam geralmente os objetos de raivosas ameaças com a mão fechada quando ele sente que está do lado de fora e o jardim é experimentado como o interior do corpo da mãe. Depois de ouvir um latido de cão no jardim, um garotinho encostou-se em mim brevemente e então fez um mergulho atrás do sofá e latiu excitadamente.

Estes tipos de contato podem resultar num estado de identificação projetiva maciça, sendo que o contato físico proporciona uma experiência de porta de entrada. Faço referência a isto de forma pormenorizada para distinguir como um problema geral ligado à identificação projetiva, de atitudes e comportamentos para com o corpo do analista, que são **manifestações de um estado existente** de identificação projetiva. Uma criança autista, em tal estado existente, tomará a mão do analista para usá-la como um instrumento para abrir uma porta ou para cortar um pedaço de papel. Uma criança paranoide pode esboçar pegar ou pedir para usar os óculos do analista no intuito de ver mais claramente, ou tentar usar sua caneta, pois está convencida de que poderia escrever ou desenhar se a tivesse.

(b) A utilização da sala como o interior de um objeto é frequentemente revelada pelo intenso modo de entrada na sala, correndo ou golpeando o batente da porta, ou com um jeito de olhar a sala como se estivesse numa vasta arena. Inversamente, a fantasia de ter permanecido sequestrado no interior do analista durante uma separação pode ser expressa por esconder-se atrás da porta na sala de espera, ou, debaixo de uma cadeira. Olhar para fora da janela, mesmo para uma parede de tijolos à vista, como em minha própria sala de brinquedo, pode se tornar uma forma significativa de atividade, e jogar objetos pela porta ou pela janela pode figurar-se como um modo de representar a expulsão de rivais ou perseguidores. A confusão acerca do tempo pode ser frequentemente notada, como um fenômeno paralelo, de modo que uma ansiedade claustrofóbica pode ser expressa por um monitoramento desconfiado do relógio do analista. A intensa erotização da situação é manifesta frequentemente e pode expressar-se por queixas sobre o calor na sala ou por uma intensa sensibilidade e curiosidade para com os sons vindos de outras áreas da casa. As paredes da sala parecem frequentemente bastante erotizadas, são sentidas e apalpadas, ou, pelo contrário, podem ser objetos de investigação sádica, como as cavando, investigando a entrada e saída dos canos, fios, a estrutura das portas e janelas e as origens de imperfeições estruturais ou decorativas.

Nessas fases, a relação com o analista é peculiar e mesclada. Crianças menos psicóticas manterão um comentário contínuo com o analista, enquanto estão dramatizando suas fantasias de entrada, possessão, aprisionamento, perseguição etc. Crianças mais psicóticas ou mais novas tendem mais a ficar perdidas na fantasia e ignorar o analista como pessoa, de tal modo que o analista se sente, em seu trabalho interpretativo, como se fosse um observador e comentador externo. Em outras fases, ele pode aparecer como um objeto-parcial-dentro-da-mãe, geralmente o pênis do pai ou um bebê-dentro, em ambos os casos persecutório, ainda que muito erotizado em significado. É nessas fases, de acordo com minha experiência, que podem ocorrer as mais inesperadas explosões de ansiedade e, legadas a estas, irrupções de agressão particularmente perigosas. Por alguma razão, provavelmente relacionada com a fantasia de intrusão e o medo de ser espionado, os olhos do analista parecem ser um objeto particular de ataque. Mas ainda mais perigosa é a súbita identificação com o perseguidor, que pode colocar fim aos ataques de ansiedade, resultando em um ataque vicioso e inflexível.

(c) A inversão da relação adulto-criança pode ser a representação mais proeminente da identificação projetiva maciça, devendo ser cuidadosamente distinguida, como o exercício do controle onipotente, da representação de papéis como uma forma de comunicação. É observada particularmente em crianças que estão começando a frequentar a escola, naquelas que têm fobia à escola, ou, inversamente, na criança que ataca as outras na escola. Penso que crianças que clivaram e projetaram partes valiosas e construtivas do *self* ("mutilações do ego") e estão funcionando num nível deficiente, com muita desesperança quanto à maturação e à aprendizagem, tornam-se também professores tirânicos ou mães irritáveis por períodos de análise muito longos e desanimadores. O analista, nestes casos, não é realmente solicitado a representar um papel, mas é tratado **como** uma criança, frequentemente, como uma entre muitas crianças imaginárias dentro da sala de brinquedo.

(d) Este processo de inversão transforma-se sutilmente no processo de exercer controle onipotente sobre o analista. Todas as técnicas concebíveis são envolvidas, verbais e não verbais, variando desde a coerção, ameaças, sedução, chantagem, simulação de desamparo, choro forjado, promessas imperativas – todas elas podendo ser resumidas em um conceito: uma tentativa de induzir o analista a cometer uma transgressão técnica. O fato de que o controle onipotente é exercido através da fantasia de identificação projetiva não é imediatamente evidente, mas é percebido nas consequências de uma transgressão técnica, forçada por um dos métodos anteriores. O material pode desviar-se repentinamente para formas dentro-do-objeto já mencionadas, com ansiedades claustrofóbicas evidentes. Ou o resultado pode ser uma resposta maníaca imediata com consequências hipocondríacas retardadas. Em um paciente mais psicótico, uma mudança imediata do tipo mais notável pode ter lugar, mediante um comportamento semelhante ao do analista, fazendo interpretações, iniciando um sermão ou repreensão, de maneira desdenhosa. Por outro lado, uma regressão repentina pode ser observada, com postura infantil, chupar o dedo, adormecer. O mais embaraçoso talvez seja um ataque de ansiedade agudo, no qual correm da sala e se recusam a voltar, sendo que neste caso é necessário o reconhecimento imediato e a interpretação da transgressão técnica e da experiência concreta da entrada e controle onipotentes.

O termo "transgressão da técnica" deve ser entendido como se referindo aos modos particulares estabelecidos pelo analista para o manejo do contexto (*setting*). Ao começo da análise, quando as atividades que requerem manejo técnico parecem atingir seu auge, esses modos raramente foram elaborados detalhadamente. Certamente, de minha parte, sou a favor de uma elaboração gradual desses modos, com cada criança em particular, a começar com uma técnica bastante livre que pode ser ajustada se isso for indicado pelos acontecimentos, particularmente dos tipos descritos nos itens (a) e (d) ("utilização do corpo do analista" e "exercício do controle onipotente"). Desse modo, o ato de impor restrições sobre a base de instâncias claras de consequências desagradáveis na análise libera o processo de qualidades de rigidez, que sempre aparecem, aos olhos da criança, como arbitrárias e basicamente hostis.

Tendo agora explorado em alguma extensão os motivos para a identificação projetiva maciça que obscurece os limites entre o *self* e o objeto na transferência e produz concomitante confusão geográfica, e tendo descrito algumas formas típicas de comportamento pelas quais ela é manifestada na sessão analítica, estamos livres para retornar para uma consideração mais geral do processo analítico como um todo e do papel que esta fase desempenha neste. Tentei, nas partes anteriores, deixar claro que o problema básico é o do sofrimento psíquico e da necessidade de um objeto no mundo externo que possa conter sua projeção – em suma, o que eu passei a chamar de "seio-latrina". Por este nome pretendo designar tanto a natureza de objeto-parcial da relação quanto a qualidade de ser valioso e necessário, mas não amado. Acho muito importante reconhecê-lo para entender a inevitável escassez de ansiedades depressivas nesta fase. Isto não quer dizer que ansiedades depressivas não estejam emergindo, durante este período da análise, em relação a todos os tipos de outros aspectos transferenciais, mas que as transações centrais que esbocei referentes às confusões geográficas são acompanhadas de pequena ansiedade depressiva.

A clivagem do objeto de uma forma severa ocorre, por sua vez, podendo perseverar durante muito tempo, de modo que o analista se torna, de fato, **apenas** uma latrina e todas as coisas boas para serem introjetadas vêm da mãe, da professora, dos irmãos, dos amigos. Isto não quer dizer que um processo introjetivo não ocorra de fato, mas que ele não é reconhecido na análise: ele é sim, atribuído a outros lugares e vivenciado, de fato, neles. Assim, uma criança pode, por um longo tempo, trazer brinquedos, doces, comida ou livros de casa, fazer o dever de casa ou tricotar. A razão da rigidez dessa clivagem é vista claramente quando a clivagem começa a sucumbir e as severas ansiedades de sujar, contaminar e envenenar o seio nutridor tornam-se mais claras. Isto é lindamente ilustrado em "The narrative", nas últimas sessões, quando a ameaça de término o traz à tona com desesperada urgência.

Esta clivagem na transferência leva a um tipo de negação da realidade psíquica que pode ser acompanhada por grande dose de atuação (*acting out*) em casa em relação à comida. Assim, torna-se claro que a confusão geográfica nesta fase envolve não somente uma confusão entre o interior e o exterior do objeto, mas também uma confusão entre a realidade externa e a realidade psíquica. Somente com o estabelecimento do seio-latrina como um objeto da realidade psíquica, através da experiência repetida deste como externo, na transferência, é possível que haja a renúncia à identificação projetiva maciça, uma vez que este mecanismo visa fugir a uma identificação infantil insuportável. Uma vez que esta identidade separada foi assim tornada suportável, através da modulação do sofrimento, o caminho está aberto para outras etapas do desenvolvimento, o que discutirei nos capítulos a respeito das fases subsequentes do processo analítico.

É nesta fase que nós podemos delinear melhor a verdade da grande descoberta de Melanie Klein, ampliada pelos recentes artigos de W. R. Bion, de que a forma mais primitiva de alívio do sofrimento psíquico é conseguida pela evacuação das partes angustiadas do *self* e dos destroços persecutórios de objetos internos atacados para dentro do objeto externo, recebendo de volta, através do aspecto introjetivo, os objetos restaurados e as partes liberadas do *self*. Em sua forma mais concreta, manifesta-se com a verdadeira micção ou defecação das crianças, usando o banheiro, ou infelizmente, em algumas vezes, o consultório. Mais notável é a transformação no procedimento da criança, no início e no fim destas sessões, a mistura de alívio e de menosprezo com que, sem um adeus, ela sai alegremente, em contraste com o tipo frenético, desorganizado e explosivo de quando entrou no consultório.

Chamei a este objeto na transferência de "seio-latrina", porque ele é sua mais primitiva representação, anterior à defesa, pela clivagem horizontal da mãe, que localiza as funções sanitárias embaixo, em conexão com suas nádegas, enquanto reserva a função de nutrição para a parte superior do corpo da mãe – seios, mamilos, olhos e boca – e, portanto, sua mente.

Em pacientes adultos os fenômenos são mais sutis, alguns dos quais descrevi como a fenomenologia dos aspectos "pseudomaduros" da personalidade, observados tanto em casos limítrofes como em psicopatologias mais graves, em meu artigo sobre "Masturbação anal e sua relação com a identificação projetiva".

Enfatizo a relação desta fase de confusão geográfica do processo analítico, particularmente nos casos de adultos limítrofes ou de psicopatologia mais grave, desde que a resolução desta configuração de relação de objeto permaneça como o limite entre a doença mental (psicose) e a saúde mental, assim como a resolução dos obstáculos para a relação dependente introjetiva com o seio permanece como o limite entre a instabilidade e a estabilidade mentais, e como a solução do complexo de Édipo leva da imaturidade para a maturidade. É uma fase da análise que pode durar anos com pacientes muito perturbados e, em minha experiência, pode não ser resolvida muito satisfatoriamente e provar uma resistência intratável, quando o suporte ambiental inadequado torna as interrupções da análise intoleráveis, tanto nas crianças quanto nos adultos. Entretanto, embora requeira do analista uma paciência quase infinita nesta fase – e também tolerância –, um progresso é quase sempre obtido. O paciente que não consegue manejá-lo, cairá em crise num feriado, ou desistirá antes ou depois dele. Por isso, esta é uma das situações às quais o método analítico parece basicamente adequado e que deve ser diferenciada daquelas que encontraremos mais adiante e que são chamadas, mais corretamente, de resistências intratáveis. Em outras palavras, se um analista pode suportar e perseverar quando as confusões geográficas estão em primeiro plano na transferência, ele certamente será recompensado com o progresso, ainda que lento, pois este depende quase totalmente da cooperação da parte adulta da personalidade. Um exemplo notável pode ser visto em adolescentes perturbados, cuja forma primária de efetuar a identificação projetiva pode ser a de faltar às sessões por períodos prolongados ou perder uma porcentagem de sessões por semana. O analista que puder suportar, enquanto maneja os problemas técnicos de maneira a não parecer envolvido na delinquência com relação aos pais, obterá sucesso.

À medida que a dominância da confusão geográfica recua na transferência, o meio da semana começa a se desobstruir e, por sua vez, a ser dominado por uma configuração a qual devemos agora voltar nossa atenção. Mas por um longo período na análise, este padrão de identificação projetiva maciça deve ser esperado na região de cada interrupção, especialmente naquelas que se dão fora da rotina.

Os vinte e tantos anos de prática clínica e de ensino desde a escrita do livro "Processo" foram importantes para confirmar esta formulação geral, mas também muitas mudanças de ênfase, que necessitam também ser mencionadas aqui, embora elas surjam de forma mais completa adiante. Primeiramente, não falarei mais a respeito de identificação projetiva "maciça", em parte porque é um termo muito quantitativo e a quantidade da fenomenologia pode ser confundida com a quantidade das estruturas de personalidade subjacentes. A experiência tem mostrado, particularmente na fase da análise de "ordenação das confusões zonais", que o retorno a estados da mente dominados pela identificação projetiva não representa, por quaisquer meios, um retorno de uma parte para sua posição sequestrada dentro de um objeto. Ao contrário, isto frequentemente apenas significa uma mudança no centro de gravidade, no momento atual, do senso de identidade, sem refletir numa mudança estrutural. Em um distúrbio bem estabelecido, como observado em desordens de caráter em adultos e em crianças psicóticas, as partes abrigadas do *self* não emergem a partir da identificação projetiva até que uma estrutura consideravelmente saudável tenha se estabelecido e possa suportar a tensão dessa reintegração. Este achado está em continuidade à descrição de Melanie Klein das dificuldades de reintegração de uma parte invejosa clivada da personalidade, relatada em "Inveja e gratidão".

Em retrospectiva, considero que a razão para aceitar a ideia de "maciça" e, portanto, o otimismo expresso sobre a emergência a partir da identificação projetiva, ocorreu devido a um descuido em acompanhar de perto as ansiedades claustrofóbicas, enquanto são impressas pelos aspectos identificatórios maníacos e onipotentes. Este fora o trabalho de Doreen Weddell com "Barry", que chamou mais atenção para o espaço em si dentro do objeto e suas características e, portanto, para seu impacto emocional sobre a parte sequestrada. O modo lento e doloroso com que este menino autista, não tão jovem em muitos aspectos, descobriu gradualmente o espaço tridimensional entre ele mesmo e seu objeto – e então gradualmente permitiu que o interior de seu objeto se tornasse estruturado e diferenciado – abriu nossos olhos à natureza complexa da experiência projetiva na identificação projetiva, a claustrofobia em particular, mas também a claustrofilia. Como será visto adiante, minha observação a respeito do "voltar-a-dormir-dentro-da-mãe" como um aspecto da identificação projetiva seria considerado agora como duvidoso, devido à nossas experiências recentemente adquiridas através do estudo ecográfico da vida fetal.

Finalmente, gostaria de mencionar uma mudança de ênfase. Concordo com o otimismo geral da descrição do progresso analítico, mas não com sua ênfase na interpretação "correta". Considero agora que o conteúdo da interpretação tem muito pouco impacto nesta fase da análise, por uma razão evidente. Porque neste momento o comportamento do paciente, adulto ou criança, tem sua natureza tão amplamente ligada à atuação-na-transferência que o comportamento do analista, seja verbal ou não, tem o impacto de ações em vez de comunicações. Assim, os fatores os quais produzem a atmosfera do consultório – que tenho apontado como sendo o manejo da temperatura e da distância da relação – parecem completar o que descrevo aqui como as funções de "seio-latrina" de interesse, paciência, tolerância e tentativas de entendimento do analista – em uma palavra, contenção.

A escrita de "Os estados sexuais da mente" não surgiu tão apressadamente quanto o "Processo", nem tive o apoio de colegas na confecção das ideias como no caso de "Autismo".[12] Como o livro reflete, foi um esforço lento e fragmentário que surgiu em grande parte de um estudo cuidadoso e sistemático de Freud, enquanto no comitê de elaboração de um novo currículo para o Instituto Britânico de Psicanálise (British Institute of Psycho-analysis). Eu estava muito impressionado com a lacuna entre a concepção comumente sustentada da visão de Freud sobre sexualidade, como declarada nos "Três ensaios sobre a sexualidade" (1905), e as outras tantas afirmações, tão amplamente não sistematizadas, de trabalhos posteriores, particularmente aqueles em que dissecou o polimorfo do perverso em sua disposição sexual e em seu comportamento. Tudo isto parecia crescer dentro dele de reverberações desencadeadas pela experiência do "Homem dos Lobos". Descrevi os adendos de Freud nos "estados sexuais" como se segue.

> *A partir do que chama de "O período primário", Freud descobre os seguintes fatos: a cena primária (durante a qual o bebê, ao defecar, interrompeu o coito dos pais); as antigas dificuldades alimentares trazidas a termo pela implicação no perigo de morte; a cena primitiva com "Grusha" (que significa "pera", em russo) e sua conexão com a enurese, do sonho com fogo, com a fobia às borboletas e a posterior paixão por criadas. Tudo isso forma o pano de fundo para os esforços ativos, e posteriormente, masculinos do "Homem dos Lobos", bem como para suas tendências à regressão ao sadismo oral (canibalismo). Por outro lado, Freud liga o tema da passividade do "Homem dos Lobos", e suas ramificações em sua feminilidade, e também o de seu masoquismo, à passagem da defecação do bebê na cena primária e seus posteriores problemas de intestino, os quais foram relacionados aos problemas ginecológicos de sua mãe. Assim, a queixa de que sofria de um senso de realidade comprometido,*

aliviado somente por lavagens intestinais, é ligada ao tema de ter "nascido com um âmnio", à expectativa narcísica de sorte eterna (destruída pela gonorreia) e por sua crueldade infantil para com pequenos animais, que representavam os bebês internos de sua mãe.

Esta última corrente passiva de potencial feminilidade anal (vaginal) foi alterada para passividade masculina (fálica) pela sedução de sua irmã e suas histórias sobre Nanya.

Através da descoberta e da reconstrução da cena primária e suas duas correntes dominantes de excitação, Freud tira duas conclusões surpreendentes:

(p. 62)[13] *"desejava poder estar de volta ao útero, não simplesmente para que então pudesse renascer, mas também com a finalidade de, ali, poder copular com o pai";*

(p. 62)[14] *"Há um desejo de voltar a uma situação na qual a pessoa estava nos genitais de sua mãe; e, em relação a isso, o homem identifica-se com seu próprio pênis".*

Basta apenas combinar estas duas afirmações para chegar a uma terceira conclusão, a de que no coito um homem pode estar identificado com seu próprio pênis como se este fosse uma criança dentro do genital da mãe sendo ali copulada pelo pai. Infelizmente, o aspecto "de volta ao útero" da fantasia masculina e feminina parece ter se perdido entre 1914 e 1919, mas quando Freud retorna ao tema novamente, em 1924, em "O problema econômico do masoquismo", ele está tentando relacionar este problema à dualidade da pulsão proposta em "Além do princípio do prazer".

Portanto, aquela porção da pulsão de morte que não está dirigida para fora como sadismo é vista como sendo retida em forma de masoquismo erógeno primário, a partir do qual se desenvolvem duas formas, masoquismo feminino e moral, enquanto a "reintrojeção" da destrutividade projetada pode produzir um masoquismo secundário. Isto pode mais tarde produzir uma solução masoquista para cada "camada de desenvolvimento" e a ansiedade a ela associada, seja o medo de ser comido, espancado, castrado ou copulado. Tais conclusões podem ser identificadas como ligadas a um artigo anterior sobre o caráter ("Alguns tipos de caráter encontrados no trabalho psicanalítico" – E. S. B., vol. 14, 1916), onde Freud descreveu "os arruinados pelo êxito", "criminosos em consequência de um sentimento de culpa" e as "exceções"; os três aspectos são reconhecíveis no caráter do "Homem dos Lobos". Mas tem maior importância para nossas considerações aqui a categoria do "masoquismo feminino", ao qual Freud destinou a atitude feminina "normal" em relação à sexualidade na mulher, ou, o que nos parece estranho, a perversão do masoquismo em homens que fantasiam, ou providenciam de fato situações de serem amarrados, espancados, desonrados, insultados etc. "A interpretação óbvia, à qual facilmente se chega, é que o masoquista deseja ser tratado como uma criança pequena e desamparada, mas, particularmente, como uma criança travessa." Mas o estudo psicanalítico revela o desejo feminino subjacente de "ser castrado, ou ser copulado, ou dar à luz um bebê" (p. 180).[15]

Assim, a nova "observação" sobre as pulsões de vida e de morte ofereceu a Freud uma maneira de dissecar a fenomenologia do masoquismo em "feminino" e "moral", separando, portanto, os fatores relacionados à culpa (moral) daqueles relacionados à bissexualidade (masoquismo erógeno feminino em homens e mulheres) e também daquelas formas de desenvolvimento do masoquismo (secundário) resultantes de processos defensivos.

Novamente o que desejo salientar é a interação dos métodos dedutivo e indutivo no progresso do pensamento de Freud. O que fora um aspecto secundário da infância reconstruída do "Homem dos Lobos" poderia agora ser reavaliado à luz de uma nova observação da pulsão e da estrutura psíquica e utilizado para explorar aspectos similares de outros casos, possibilitando uma nova teoria das perversões. A projeção e a reintrojeção do sadismo, as alterações caleidoscópicas das identificações, o fluxo da bissexualidade e a confusão dos objetivos ativo-passivo com os objetivos masculino-feminino de um nível de desenvolvimento posterior poderiam ser todos correlacionados uns com os outros. E a ideia básica era claramente a situação da criança pequena em relação à cena primária ou à fantasia primária.

Foi apenas mais um passo adiante até a resolução do enigma do fetiche ("Fetichismo" – E. S. B., vol. 21, 1927), combinando a recusa da ansiedade de castração (a fantasia de que a mulher possui um pênis) e a recusa do desejo de castração. Assim, a nova observação estrutural permitiu que Freud afirmasse que situações contrárias poderiam existir lado a lado no inconsciente pela ação de uma "divisão". Esta ideia foi mencionada várias vezes, desde a época do "Projeto", mas somente começou a ter significado real no artigo de 1924 sobre "Neurose e psicose", e seria ampliada mais tarde em "A divisão do ego no processo de defesa" (1937) e no "Esboço" (1938). O modo como Freud a coloca no artigo de 1924 é particularmente pertinente às lutas do "Homem dos Lobos". Ele diz (p. 170).[16]

A tese de que as neuroses e as psicoses se originam nos conflitos do ego com as suas diversas instâncias governantes – isto é, portanto, de que elas refletem um fracasso ao funcionamento do ego, que se vê em dificuldades para reconciliar todas as várias exigências feitas a ele –, essa tese precisa ser suplementada em mais um ponto. Seria desejável saber em que circunstâncias e por que meios o ego pode ter êxito em emergir de tais conflitos, que certamente estão sempre presentes, sem cair enfermo. Trata-se de um novo campo de pesquisa, onde sem dúvida os mais variados fatores surgirão para exame. Dois deles, porém, podem ser acentuados em seguida. Em primeiro lugar, o desfecho de todas as situações desse tipo indubitavelmente dependerá de considerações econômicas – das magnitudes relativas das tendências que estão lutando entre si. Em segundo lugar, será possível ao ego evitar uma ruptura em qualquer direção deformando-se, submetendo-se a usurpações em sua própria unidade e até mesmo, talvez, efetuando uma clivagem ou divisão de si próprio. Desta maneira, inconsistências, excentricidades e loucura humanas emergem de modo análogo às perversões sexuais, que ficam aceitas na mesma proporção em que exista menor repressão.

Deste modo, Freud tinha chegado a uma distância considerável da fórmula fácil de que as neuroses eram o negativo das perversões. O caminho para a complexidade da perversão e sua relação com o caráter tinham sido abertos.

Referências

Freud, S. (1919). A child is being beaten. (S. E., vol. 17). [Ed. bras.: Uma criança é espancada – uma contribuição ao estudo da origem das perversões sexuais. (E. S. B., vol. 17).]

Freud, S. (1924). Economic problem of masochism. (S. E., vol. 19). [Ed. bras.: O problema econômico do masoquismo. (E. S. B., vol. 19).]

Freud, S. (1927). On fetichism. (S. E., vol. 21). [Ed. bras.: Fetichismo. (E. S. B., vol. 21).]

Freud, S. (1918). From the history of an infantile neurosis. (S. E., vol. 18). Brunswick, R. M. I. J. Psa, 9, 439, 1928. Gardiner, M. Publ. Phila. Psa., 2, 32, 1952. [Ed. bras.: História de uma neurose infantil. (E. S. B., vol. 18).]

(*Estados sexuais da mente*, Capítulo VI)

O suporte dado por estas intuições de Freud para os achados posteriores de Melanie Klein, em relação aos processos de clivagem e de identificação projetiva, fortaleceu minha convicção primeira sobre a importância dos processos masturbatórios e das fantasias, claustrofóbica e claustrofílica, do espaço dentro do objeto materno interno como um espaço vital, um mundo com suas próprias qualidades e valores. O artigo sobre "Identificação e socialização na adolescência" (Capítulo VII) realizou a importante conexão entre o jogo masturbatório na cama, da latência, e a formação da gangue, fornecendo um modo mais sólido ao conceito de "organização narcísica". Naquele momento eu não tinha claro como isto era diferente da formulação de Bion sobre o grupo de pressupostos básicos.

Relendo "Estados sexuais", o qual foi escrito em partes (Elizabeth Spillius disse, com razão, que ele sofria de "duas-horisses") entre 1965 e 1973, fiquei surpreso a respeito do pouco que me ocupei com este aspecto espacial, tampouco havia desenhado claramente a distinção fenomenológica entre a projetiva e as consequências identificatórias das fantasias da identificação projetiva. Em retrospecto, no consultório, nas supervisões e no ensino, eu parecia estar trabalhando os detalhes da organização narcísica e suas consequências para o desenvolvimento e a psicopatologia. A diferenciação adulto/infantil, polimorfo/perverso, bom/travesso/mau no comportamento sexual, habitual/adicto/criminoso nas perversões, e uma ampliação do papel do fetichismo devem ter me preocupado muito, mas por outro lado, a organização destes fatores, juntamente com o papel das zonas confusionais, na impedância da entrada em uma orientação depressiva foi provavelmente uma precondição para uma exploração completa dos aspectos espaciais, geográficos. A teoria de Bion sobre o pensamento e a conexão com suas ideias sobre os grupos foi aos poucos fazendo seu impacto. Em muitos lugares pode ser visto que eu estou procurando por um meio de incluir conceitos de veracidade e beleza como aspectos da realidade psíquica e do impacto de objetos externos, de modo que o conceito de uma parte má da personalidade poderia assumir alguma substância funcional. A descrição de Melanie Klein dos ataques fantasiados aos objetos não abrangeu neles mesmos o significado dos ataques, embora ela explorasse a motivação por trás dessas investidas. A teoria de Bion sobre o pensamento direcionou a atenção para este significado, particularmente para a ideia dos ataques-ao-vínculo, a fluidez de Ps ↔ D. Tanto a adesão de Klein às pulsões de vida e de morte quanto a evocação de Bion do aspecto "satânico" da personalidade apoiaram a visão do mal absoluto, porque eu ainda não tinha incorporado as implicações da revisão de Bion sobre a teoria do afeto, Amor, Ódio e Conhecimento – positivos e negativos.[17]

Tendo me comprometido, em 1972 e 1973, a transmitir as conferências sobre Freud e Klein aos estudantes pré-clínicos do curso de psicoterapia da criança na Clínica Tavistock, encontrei-me confrontado a fazer o mesmo a respeito da obra de Bion com os estudantes avançados, os funcionários e os convidados em 1976 e 1977. Foi um golpe do destino ter sido forçado a revisar sistematicamente o trabalho de sua vida, porque praticamente tudo, menos "Uma memória do futuro",[18] estava então disponível. O "Desenvolvimento kleiniano", que resultou desta série de conferências diversas, não precisa nos deter aqui, mas, sejam quais forem suas virtudes e defeitos, o esforço persistente pelo conhecimento ordenou tanto meus pensamentos que certamente foi um divisor de águas em meu trabalho, entre o que eu poderia razoavelmente visualizar como fiel suplemento às implicações clínicas da obra de Melanie Klein e um aventurar-se para além seguindo, ou melhor, utilizando – porque não há possibilidade de segui-lo – o pensamento de Bion. Isto foi apelidado de "pós-kleiniano" e eu aceitei este nome, para o bem ou para o mal. Não posso dizer com convicção que Klein teria ficado satisfeita com estas ideias, mas sei que ela teria me encorajado – e a nós, em certo sentido – a seguir nosso caminho independente. Pois embora ela tenha precisado defender suas ideias de ataques, e vigorosamente, estava sempre alerta à hipocrisia e à ortodoxia.

Em certo sentido, as investigações de Bion voltaram o interesse da pesquisa de volta para a elucidação das funções do ego, ao passo que as preocupações de Klein eram voltadas para as relações e a estruturação da personalidade. Quando a brincadeira da criança se mostrou ser a mais convincente evidência da concretude da realidade psíquica e da estrutura do *self* e dos objetos, a área para o estudo das funções mentais claramente seria encontrada na vida onírica dos pacientes adultos. A contribuição bioniana *Vida onírica* (*Dream life*), publicada em 1983, cinco anos após o "Desenvolvimento kleiniano", é ali descrita do modo a seguir:

As condições nas quais funções específicas estão desordenadas atraíram Wilfred Bion, iniciando com sua investigação de pacientes esquizofrênicos e suas dificuldades no pensamento. Traçando os conceitos de Melanie Klein sobre os processos de clivagem e identificação projetiva, não somente para estruturas de personalidade, mas para separar funções do ego, como pensamento, memória, atenção, verbalização, ação, julgamento, ele explorou a possibilidade de que a mente poderia atacar a si mesma em muitos sentidos. Apresentou evidências da clivagem de funções mentais específicas, bem como da projeção de partes da personalidade, contendo estas funções isoladas, em outros objetos. Tais objetos de identificação projetiva poderiam então ser vivenciados como capazes de realizar tais funções de clivagem, enquanto o que restou do *self* não poderia mais fazê-lo. E então, utilizando este conceito de ataques de clivagem e de projeção minuciosos sobre as capacidades do *self*, começou a investigar e elaborar um conceito de pensamento. O que ele fizera primeiro fora separar "pensamentos", e a elaboração de pensamentos, do "ato de pensar" como a transformação desses pensamentos. Ele introduziu, então, uma modificação à ênfase de Melanie Klein na relação do bebê com o seio e a mãe como a principal moduladora de dor psíquica a qual permite ao bebê seguir adiante em seu desenvolvimento.

Sob o modelo de Melanie Klein, o desenvolvimento da mente assemelha-se a um desabrochar de uma flor quando ela está adequadamente nutrida e preservada de parasitas e predadores. Bion teve uma visão bem diferente; a saber, de que o desenvolvimento da mente é um processo complicado que deve ser estruturado em cada passo do caminho e não pode, portanto, ser comparado com as formas biológicas de crescimento, que são determinadas pela história genética acrescentada aos sistemas hormonais. Ele acreditava que o desenvolvimento mental era de certo modo autônomo; que a mente constrói a si mesma, aos poucos, através da "digestão" das experiências.

Bion considerava que a mãe tem de realizar funções pelo bebê – funções mentais – as quais o bebê pode então aprender a realizar sozinho internalizando-as. Ele formulou isto em termos da relação do bebê com o seio: essencialmente, o bebê, estando numa situação de confusão e tendo experiências emocionais sobre as quais não pode pensar, projeta partes angustiadas de si mesmo no seio. A mãe e sua mente (vivenciada pelo bebê como seu seio) têm de realizar a função de pensar pelo bebê. Ela devolve ao bebê aquelas partes perturbadas de si em um estado que permite pensar, e particularmente sonhar, para vir a existir. Ele chamou isto de função-alfa. Ele o deixou como um conceito "vazio" porque não sabia como preenchê-lo e não estava certo de que poderia ser preenchido por qualquer descrição substancial.

Esta concepção do desenvolvimento da capacidade do bebê de pensar implica que não depende somente do *rêverie* materno para colocar ordem na experiência caótica, mas também de sua disponibilidade como um objeto de internalização. Isto deu novo significado ao período prolongado de desamparo da infância humana, tão não adaptativo se considerado superficialmente. Unindo a dependência à experiência do objeto ausente como o "primeiro pensamento", Bion sugeriu um novo significado, altamente adaptável para o longo período de desamparo infantil, sugerindo que ele é necessário para a internalização da mãe como um objeto **pensan-**

te, não somente um objeto **a serviço**. Isto deu um novo significado para a conjetura de Freud a respeito do narcisismo primário e nova importância ao período do início da posição depressiva.

Devo dizer que muito restou para ser assimilado sobre as ideias de Bion nos anos seguintes. De algum modo a rica oportunidade de observar o material de análise, em culturas contrastantes, conduzido em diversos países da Europa, dos EUA, América do Sul e Índia, que se tinham aberto para Martha Harris e para mim durante os anos 1970, favoreceu esta evolução de um modo surpreendente. Possivelmente foi a exigência pela simplicidade na exposição da tradução para o público que tinha lido Klein e Bion apenas parcialmente, e em geral traduzidos, que contribuiu para um processo de condensação e clarificação. Mas também foi o magnífico material, preparado tão cuidadosamente, que constantemente deu peso ao fato de que uma extensão metapsicológica estava sendo formada. Em meu ponto de vista, este é o tópico central da psicologia pós--kleiniana: que às quatro categorias da exposição de Freud – dinâmica, genética, estrutural e econômica – foi adicionada também a investigação dos aspectos geográficos e dos epistemológicos do funcionamento mental. Resta saber se o aspecto estético assumirá afinal distinção suficiente para ser adicionado como uma sétima categoria.

Tais experiências que tive envolvendo uma grande variedade de diferentes línguas, sendo eu um linguista mediano, com pouco ou nenhum conhecimento, direcionaram meu interesse em línguas tão cedo quanto o grupo de pesquisas em autismo. No capítulo "Mutismo no autismo infantil, esquizofrenia e estados maníaco-depressivos" ("Mutism in infantile autism, schizofrenia and manic-depressive states"), defini cinco diferentes fatores necessários para o uso de palavras, em combinação com os aspectos musicais-gramaticais da linguagem, na comunicação.

Estes cinco fatores, que só podem ser observados operando isoladamente, em conjunto ou em consórcio na doença mental onde uma tendência ao mutismo está presente, são os que seguem:

(a) É necessário para o funcionamento mental que seja suficientemente ordenado para a formação de pensamentos oníricos adequados à comunicação por alguns meios, e não apenas uma demanda evacuatória (Bion).

(b) Deve haver um aparelho para transformar o pensamento onírico em linguagem; este aparelho consiste em objetos falantes internalizados de quem e em identificação com quem (seja por um processo de identificação narcísica ou introjetiva) pode ser aprendida a profunda gramática musical para representar os estados da mente.

(c) Nos primeiros anos, quando o impulso de balbuciar é ainda forte, a criança precisa desenvolver um vocabulário que descreva o mundo externo, para que possa desenvolver uma eficiência em sobrepor esta linguagem superficial e lexical sobre a linguagem mais profunda e musical; e então ser capaz de se comunicar sobre o mundo externo.

(d) Estas transformações internas, discurso interior, precisa encontrar um objeto no mundo externo que tenha uma realidade psíquica capaz e adequada diferenciação do *self*, para exigir a articulação deste processo interno a fim de que a comunicação ocorra.

(e) O desejo de comunicação com outros seres humanos deve ser suficiente para sustentar a continuidade do processo de formação do pensamento onírico.

(*Autism*, Capítulo VII)

Esta distinção entre a comunicação de informação por meios verbais e a comunicação, mais inconsciente, dos estados da mente por identificação projetiva, através da linguagem da música e gramática foram, assim, ambas observadas à luz das transformações dos pensamentos oníricos, equivalentes às fantasias inconscientes de Melanie Klein. Deste modo, "estado da mente" chegou a ser visto como uma manifestação momentânea das funções descritas pela extensão metapsicológica, e o pensamento onírico como sua mais pura, mais autêntica expressão na vida mental.

Muito do que foi elaborado nos anos recentes em relação às manifestações clínicas das ideias de Bion e algumas das implicações teóricas também encontraram caminho para publicação em *Studies in extended metapsychology*[19] e "Apreensão do belo" (com Meg Harris Williams). Mas estou envergonhado ao descobrir que muito pouco a respeito dos aspectos projetivos (ou, como prefiro chamar, os aspectos "intrusivos") da identificação projetiva tem sido publicado em inglês. Desde que assumiu forma, principalmente em palestras, que cresceu a partir das várias conferências realizadas no estrangeiro, aparece somente nas publicações destes encontros, em francês, espanhol e norueguês. Daí a necessidade, a que tenho resistido, de publicar este fardo adicional para nossas bibliotecas.

Dois casos clínicos, um ouvido em Perugia no final dos anos 1970 e outro sendo um de meus próprios dos anos 1980, juntamente com o material de "Barry" de Doreen Weddell, despertaram minha imaginação para as qualidades e o significado do mundo dentro de um objeto interno materno. O caso ouvido em Perugia foi de um jovem que tinha se despido no meio da praça de sua aldeia e desapareceu pelo esgoto, a fim de, como ele mesmo descreveu mais tarde, escapar da Gestapo, que o estava procurando para recrutá-lo em sua linha de soldados. Nos dois anos subsequentes ele esteve em três diferentes hospitais psiquiátricos, tendo escapado do primeiro e do segundo por conta dos sentimentos intensos de perseguição. No primeiro ele sentiu que tudo estava imundo e malcheiroso, que torturas aconteciam, cujos gritos e gemidos ele ouvia constantemente. No segundo, ele reclamava indefinidamente da atmosfera de libertinagem sexual entre os pacientes e funcionários, o que o levava a uma constante excitação masturbatória. Finalmente, no terceiro ele reclamava que tudo era tão lindo, o ar tinha o cheiro tão doce e revigorante, que ele não podia parar de respirar fundo. Em consequência disso, ele temia que estava utilizando demais do oxigênio e podia estar prejudicando os bebês que ele ouviu chorar no berçário abaixo.

Meu paciente era um jovem que, enquanto trabalhava no exterior, na indústria de alguns amigos de sua família, com quem ele também estava hospedado, estava tomado por um estado de ansiedade, tão delirante que quase causou sua morte. Ele ficou convencido de que se comesse vorazmente mais comida, ultrapassando o valor monetário do trabalho que executava, ele seria "atirado para fora". O significado desta expulsão ele não sabia dizer, mas encheu-o de terror. Consequentemente ele comia cada vez menos, retirando-se de refeições comuns, e disfarçava sua perda de peso acolchoando suas roupas. Finalmente, ele ficou tão fraco que sua fraude fora descoberta e ele fora mandado para casa em uma ambulância aérea. A natureza fundamentalmente claustrofóbica deste estado delirante se tornou evidente de forma rápida na análise, que foi instituída assim que ele recuperou sua saúde física. Tornou-se claro que seu mundo era composto de três áreas ou espaços separados: o consultório, que era um espaço de segurança e prazer; sua escavação, com vista para o parque de veados do Magdalen College, que era uma câmara de masturbação-voyeurismo; e seu lugar de trabalho como balconista de equipamentos no porão de uma grande instituição, um lugar de leve perseguição e escravidão, onde se sentia compelido a roubar comida fria da cozinha. Em sua travessia na cidade na rota entre tais espaços, ele corria de cabeça baixa, cego a um grau perigoso no trânsito da cidade.

Não irei trabalhar este material, em vez disso, finalizo esta revisão e avanço para a parte essencial deste livro. Apenas uma palavra sobre o que vem a seguir pode dever ao estudo cuidadoso de Bion, *Uma memória do futuro* (*A Memoir of the Future*). Esta ilustração dos processos de mudança catastrófica e a recuperação destes, encontrou seu caminho na construção de minhas próprias conjeturas imaginativas e, portanto, em meu modo de vivenciar o material clínico. Mas gostaria de delinear esta distinção. Acredito que Bion estava interessado na mudança catastrófica como uma crise no desenvolvimento. Concordo com ele neste ponto, sinceramente. Estive provavelmente mais interessado na mudança catastrófica do ponto de vista do que ele chamou de momentos que mantém em suspense as possibilidades de "colapso e avanço". Enquanto nós provavelmente vemos muitos pacientes em consulta, em quem as ansiedades agudas deste momento se tornam evidentes, é daqueles que nos procuraram tendo sucumbido ao "colapso" que nossa mais clara evidência do mundo do interior de um objeto interno é derivada.

Notas

1. Artigo publicado como capítulo do livro *Melanie Klein Hoje: Volume 1 – Artigos predominantemente teóricos*, organizado por Elizabeth Bott Spillius, Editora Imago, 1991.

2. Klein, M. (1946). Inveja e gratidão. In *Inveja e gratidão e outros trabalhos: obras completas de Melanie Klein*, vol. 3. Rio de Janeiro: Imago, 1991.

3. Rua localizada em Londres que foi a sede da imprensa britânica até a década de 1980.

4. *Bottom*, em inglês, pode significar tanto *fundo* (de um penhasco ou montanha, por exemplo) quanto *bumbum*.

5. *Slippers*, em inglês, significa chinelos, mas há uma relação a seguir, na interpretação, com *slippery fingers* (dedos escorregadios), que evidencia a conexão entre os chinelos do pai e os dedos escorregadios que são levados ao bumbum e se confundem com o pênis do pai na vagina da mãe.

6. *Gilt*, em inglês, traduz-se por dourado (refere-se aqui à moldura do quadro dourada), mas observa-se que o som da palavra é o mesmo de *guilt* (culpa), que aparece na relação que o autor faz em seguida com a interpretação do analista sentida pelo paciente como um quadro revelador de sua culpa.

7. Refere-se à obra de Shakespeare "Rei Lear", em que Cordélia é o nome da única das três filhas do rei que permanece fiel ao pai, apesar de este desacreditar de seu amor.

8. Meltzer, D. (1967). *O processo psicanalítico:* da criança ao adulto. Tradução de Walderedo Ismael de Oliveira. Rio de Janeiro: Imago, 1971.

9. Meltzer, D. et al. *Explorations in autism:* a psycho-analytical study. Strath Tay: Clunie Press, 1975.

10. A onomatopeia reproduzida (chop!) tem o significado de uma pancada na água ou som de qualquer coisa que bate ou cai na água (fazer chape). Em inglês, plop-plop.

11. Bion, W. (1962). *O aprender com a experiência*. Rio de Janeiro: Imago, 1991.

12. *Explorations in autism* (1975), mencionado anteriormente.

13. Freud, S. (1918[1914]). História de uma neurose infantil. In *Edição Standard Brasileira das Obras Psicológicas Completas de Sigmund Freud*, vol. XVII. Rio de Janeiro: Imago, 1996.

14. Ibidem.

15. Freud, S. (1924). O problema econômico do masoquismo. In *Edição Standard Brasileira das Obras Psicológicas Completas de Sigmund Freud*, vol. XIX. Rio de Janeiro: Imago, 1996.

16. Freud, S. (1924 [1923]). Neurose e psicose. In *Edição Standard Brasileira das Obras Psicológicas Completas de Sigmund Freud*, vol. XIX. Rio de Janeiro: Imago, 1996.

17. *Love, Hate, Knowledge*, em inglês. Utilizaremos as iniciais que correspondem às palavras em inglês, LHK.

18. Bion, W. R. *A memoir of the future*. London: Karnac Books, 1991. [Uma memória do futuro, versões brasileiras por P. C. Sandler: vol. 1, O sonho, Martins Fontes, 1988; vol. 2, O passado apresentado, Imago, 1996; vol. 3, A aurora do esquecimento, Imago, 1996.] (Trabalhos originais publicados em 1975-1979.)

19. Meltzer, D. *Studies on extended metapsychology*. Perthshire: Clunie Press, 1986.

Parte II

3. A dimensão geográfica do aparelho mental

No modelo da mente de que tenho me utilizado a dimensão geográfica pode ser subdividida, para propósitos fenomenológicos, em seis áreas distintas: o mundo externo, o útero, o interior de objetos externos, o interior de objetos internos, o mundo interno e o sistema delirante (geograficamente falando, "lugar nenhum"). As primeiras cinco subdivisões compreendem áreas que possuem realidade psíquica. O mundo externo também possui uma realidade concreta que suscita processos adaptativos, fundamentalmente sem sentido. O sistema delirante também é sem sentido, de um modo diferente, sendo delirante em suas significações e bizarro em seus objetos.

Ao mundo externo, além de nossos movimentos adaptativos, que aprendemos em grande parte por processos inframentais de mimetismo (unidimensional) e tentativa e erro, temos de implantar significado quando o impacto dos fatos e objetos colide em nós emocionalmente e estão sujeitos aos processos de imaginação, isto é, à formação de símbolo (função-alfa) e ao pensamento. Mas não estamos limitados a este ponto do impacto de fatos e objetos; também somos capazes de implantar emoção e assim infundir com significado, potencialmente, eventos e objetos cujo impacto não é por si só substancial. Em "A apreensão do belo" ("Apprehension of beauty") propus uma terminologia que ultrapassa a teoria do afeto de Bion, mais e menos L (amor), H (ódio) e K (interesse, conhecimento). Sugeri que nossa resposta inata à beleza-do-mundo, que é uma capacidade de resposta estética, contém uma integração de todos estes três vínculos positivos, L, H e K, mas que a dor da ambivalência, combinada à necessidade de tolerar incerteza, torna muito difícil de manter estes vínculos juntos. Os processos de clivagem trazem alívio implantando os vínculos em objetos separados, clivando assim, também o *self* em suas capacidades e experiências emocionais. Estes processos de clivagem não reduzem as experiências necessariamente a um nível adaptativo – no qual o pensamento sobre o significado, que necessariamente inclui o valor, seria substituído por intrigas, a lógica derivada de pressupostos básicos, e ações que visam sucesso (triunfo).

Quando a significância pode ser preservada a despeito da clivagem dos vínculos passionais, estamos no domínio da posição esquizoparanoide de Melanie Klein, em termos de valores, mas os processos de projeção e introjeção permanecem ativos. A modificação se torna possível, porque a ação pode ser contida em favor do pensamento. Mas este comércio entre a experiência do mundo externo e os processos do mundo interno depende de observação e da contenção da intelecção prematura e da produção de história. Os pensamentos oníricos inconscientes precisam de tempo para serem formados para que o pensamento e as transformações possam ocorrer. O contido deve ser autorizado a entrar no continente, no modelo de Bion.

Certos tipos de experiência clínica, quando combinados com o que pode ser aprendido a partir da observação de bebês e da ecografia, sugerem que as experiências emocionais e a formação de símbolos rudimentares e de pensamento começam nos últimos meses de gestação e formam a base sobre a qual a experiência com o mundo externo, em particular os primeiros encontros com o corpo e a mente da mãe, fazem seu impacto crucial. A sugestão de Bion de que partes infantis podem ser deixadas para trás no nascimento, permanecem encapsuladas, é fortemente sugerida em pacientes cuja gestação se tornou complicada por um fator traumático: doença materna, infarto da placenta, prematuridade, sofrimento fetal, para citar alguns. Esta é uma área a ser ainda estudada: seu impacto no caráter, sua aparência como estados de afastamento, seu papel nos padrões de sono. Menciono-a aqui para distingui-la daqueles aspectos da identificação projetiva (intrusiva) que concernem particularmente a este livro.

Estes estados da mente, sendo fundamentais para o caráter, ou sendo apenas contributivos, exigem uma divisão em duas categorias: aqueles contingentes à intrusão ou aqueles que resultam da indução passiva em objetos externos. Estes últimos resultam em diversos estados patológicos, tais como: delírio a dois (*folie à deux*), múltipla personalidade, possessão demoníaca. Quando um objeto externo carrega uma transferência infantil, a introjeção facilmente é seguida da separação. Nenhum destes estados nos interessa aqui, pois todos apresentam manifestações identificatórias essencialmente de um tipo narcísico, com ausência do fenômeno claustrofóbico.

Mas a identificação intrusiva com objetos internos parece sempre mostrar dois aspectos, tanto o identificatório quanto o projetivo (claustrofóbico). O objeto interno desses processos é, por excelência, o objeto interno materno e sua divisão especial. Quando a projeção para dentro do objeto parental é intrusiva, parece ser um meio de entrada no corpo da mãe. Isto tem consequências identificatórias importantes, mas pouco do aspecto claustrofóbico em si. Estes aspectos identificatórios, de identificação projetiva com objetos internos e externos, foram estudados extensivamente. São quase exclusivamente os de tipo intrusivo, projetivo que nos interessa aqui, do ponto de vista teórico, enquanto seu entrelaçamento na situação clínica nos interessa no que diz respeito aos problemas técnicos.

Todas estas considerações requerem diferenciação das relações do *self* com seus objetos internos na medida em que seus limites de individualidade e de privacidade invioláveis são respeitados em todos os níveis. Considero que é justo dizer que os objetos internos colidem com a mente, em vários níveis, por conta de suas qualidades e de suas funções. Diferentemente dos objetos externos, as emoções não são implantadas nesses objetos, elas são evocadas por eles. É neste nível da realidade psíquica que a forma e a função são vivenciadas como unidas, de modo que a beleza é verdade, verdadeira beleza.

Assim como as crianças de uma mesma família descobrem, eventualmente, que experimentalmente têm "diferentes" pais, também as diferentes partes do *self* têm diferentes objetos internos. Para algumas partes do *self* os objetos estão em um nível de objeto parcial, para outras, são invadidas e alteradas pelas projeções; para algumas, paternos e maternos estão distantes, para outras, estão combinados; para algumas eles estão mantidos sob controle onipotente, enquanto outras partes do *self* podem dar a seus objetos internos sua liberdade. Deste ponto de vista, a reintegração do *self* está subordinada à reintegração, de certo modo à reabilitação, dos objetos internos. E sobre esta integração o desenvolvimento ulterior dos objetos internos se torna uma possibilidade, indo além o que Freud concebeu como suas qualidades provenientes de fora da família, de heróis e heroínas do presente e do passado. O objeto combinado interno integrado aprende com a experiência antes do *self* e é quase certamente a origem do pensamento criativo e da imaginação.

Em contraste lamentável com as gloriosas possibilidades de crescimento do *self* e dos objetos, que inclui os vínculos de L H e K positivos, as forças antivida e antiemoção que se dedicam a diminuir L H e K a um puritanismo, uma hipocrisia e um materialismo (filisteu), constroem um pandemônio do sistema delirante. Suas ferramentas são estúpidas, em sua essência. O mimetismo negativo constrói um mundo de ideias delirantes e objetos bizarros a partir dos restos da função-alfa-ao-contrário, auxiliado pelas transformações em alucinose e pelo formato da rede negativa. Esta seria a formulação bioniana cuja evocação clínica não podemos parar para considerar aqui. Terá alguma menção no capítulo 8, "O papel do claustro na irrupção da esquizofrenia".

4. A segmentação da mãe interna

Apesar das compreensões clínicas que deram origem à concepção da segmentação do interior do corpo da mãe serem do início dos anos sessenta, do grupo de pesquisa sobre o autismo que culminou em *Explorations in autism*, e particularmente do trabalho final de Doreen Weddell com "Barry", o significado completo só veio até mim não antes de vinte anos mais tarde. Através do trabalho clínico e do ensino e da companhia literária de Martha Harris e suas filhas a concepção do conflito estético surgiu para modificar consideravelmente minha visão do desenvolvimento da personalidade e da condição humana. Neste período vieram os vários ensaios, reunidos e organizados em "Estados sexuais da mente", onde a segmentação interna do interior do corpo da mãe, sua alusão aos orifícios e à natureza polimorfa da sexualidade adulta, acrescentaram substância à descrição formal.

Está claro que as duas novas ideias que, ganhando clareza, tornaram possíveis as descrições no presente livro, são: a teoria do afeto de Bion, mais e menos L, H e K, e a parte central nas oscilações Ps ↔ D, exercida pelo conflito estético. Torna-se possível expressar a ideia de força do ego como uma capacidade negativa, quando vemos isto como uma incerteza atormentadora sobre as qualidades internas do objeto estético. Quando a dimensão força/fraqueza se torna assim observável nessa operação e não meramente interpretada por suas consequências, mudamos para um novo nível de precisão na observação clínica (e autoexame).

O que surge no consultório e nas supervisões é uma distinção muito clara entre imaturidade e psicopatologia. Por um lado, podemos alinhar as manifestações das confusões infantis de natureza tanto geográfica quanto zonal juntamente à tese de Money-Kyrle sobre equívocos de desenvolvimento. Por outro lado, em contraste, estão as construções patológicas que se originam do que Bion chama de "mentiras" ou coluna 2 da grade, a falha da função-alfa, possivelmente induzida pelo que chamei de "contar histórias" (*story telling*) reversa da função-alfa com restos (elementos-beta--com-traços-do-ego-e-do-superego) dos quais os objetos bizarros e o sistema delirante são formados pelas forças de LHK negativas, e, por último, pelo funcionamento dos mecanismos onipotentes (processos de clivagem, controle onipotente de objetos e identificação intrusiva).

Do ponto de vista do modelo-da-mente, é necessário delinear o desenvolvimento em termos tanto do *self* quanto dos objetos. Minha ênfase precedente, juntamente com a tendência geral nas descrições kleinianas, têm sido a evolução do *self*, particularmente do aspecto estrutural. Aqui, em nossa tentativa de exploração das consequências do lado intrusivo do fenômeno duplo da identificação projetiva, precisamos tentar realizar primeiramente uma descrição da geografia e das qualidades dos objetos internos e depois traçar as implicações metapsicológicas para o *self*. Esta última consideração inclui as consequências para a estrutura do *self* e também para sua visão-do-mundo. Como base para nossa investigação central sobre as implicações do funcionamento do lado intrusivo da identificação projetiva como um aspecto da psicopatologia, para os objetos internos e para o *self*, precisamos primeiramente esclarecer a direção e a extrapolação da evolução dos objetos internos durante o processo maturacional a fim de entendermos as distorções nos objetos e no *self* em consequência da intrusão.

A primeira coisa a ser esclarecida é a diferença entre a concepção do interior da mãe interna derivada da imaginação e aquela que é produto da intrusão onipotente e, assim, também da onisciência. O material clínico é capaz de ser bastante explícito e preciso no que diz respeito a esta última, mas a anterior, o interior da mãe como interpretada a partir do exterior, deve ser um produto da imaginação do paciente e do analista, respeitando a privacidade de seu interior. Mas temos também outra fonte, que nos foi dada pelos artistas e poetas. A partir do material clínico podemos ver que as funções das diferentes partes da mãe carregam uma suposição da estrutura interna, mas aqui, é claro, as formas são emprestadas pela imaginação daquelas advindas do mundo externo. Este empréstimo de formas tem uma consequência reflexiva para nossa interpretação do significado do mundo externo do qual as formas foram tomadas de empréstimo. Contrastando as duas visões – aquela construída pela imaginação e aquela "descoberta" pela intrusão – podemos também obter um diferencial significativo de visões-do-mundo como são determinadas pela realidade psíquica, na saúde e na perturbação. As consequências patológicas serão discutidas no capítulo "A vida no claustro".

Aqui seria mais útil esboçar a direção do desenvolvimento dos objetos internos na medida em que se reflete na concepção imaginativa do interior da mãe interna. O movimento em geral parte claramente de um espaço vasto, indiferenciado e contendo simplesmente todas as formas de vida – a Mãe Terra – para uma mãe objeto dividido, mas em grande parte, parcial, cujas funções para a criança (aumentadas pelo desejo despertado na criança) determinam sua construção imaginativa. Este interior não integrado é formado por aglomerações em torno da assunção da analogia entre as experiências da criança com seus próprios orifícios, em face dos cuidados da mãe. Assim, os olhos são atraídos pelos olhos, as orelhas pela boca da mãe, a boca do bebê pelos mamilos, o nariz pelo cheiro da mãe; e é assim que a integração do bebê gradualmente ocorre em consenso com o comportamento integrado da mãe: a cabeça do bebê com a cabeça/o seio materno. Mas uma concepção integrada correspondente do interior dela deve ser uma tarefa muito mais árdua, dificultada tanto pela ambivalência despertada pelas falhas em suas funções quanto pelo conflito estético acerca da incerteza sobre seu interior. Isto é particularmente verdadeiro nas áreas mais problemáticas dos processos excretórios e nas tendências genitais eróticas. Provavelmente os desejos de penetrar e de ser penetrado, inerentes a todos os orifícios, complicam muito a aceitação pelo bebê em relação à dependência dos cuidados a essas zonas altamente erógenas. As ansiedades em relação ao esvaziamento da mãe ou seu envenenamento com excrementos formam um arranjo em oposição às tendências possessiva e tirânica. É esta mãe-em-perigo que impede a criança de ver o pai como um rival, para alistá-lo para a preservação deste objeto indispensável e valorizado. Dos três orifícios supostos como abertos ao pai, suas funções de alimentação e limpeza da mãe são mais facilmente aceitas do que a de nutrir genitalmente o bebê. E, assim, o conflito edípico genital dificilmente pode ser articulado até que os pré-genitais tenham sido em grande parte resolvidos.

A consequência desta dificuldade para integrar as funções da mãe, na medida em que elas influenciam na concepção imaginativa do bebê sobre seu interior (da mãe), é a predisposição à imagem de três compartimentos isolados um do outro, relativa ou absolutamente. Os bebês internos não podem nem chegar ao alimento do seio nem ocupar os pensamentos da mãe; o depósito de detrito retal não pode derramar no seio nem envenenar os bebês nos genitais. As formas escolhidas para representar estes compartimentos e suas funções têm de ser emprestadas do que é observável na vida familiar, e a vida familiar é reflexivamente impregnada com o significado destes compartimentos e das ansiedades concomitantes. Deste modo, segue-se uma troca contínua na qual as qualidades formais são introjetadas e o significado, externalizado. O percurso da extrapolação no processo maturacional é claramente em direção à integração e ao objeto combinado. Mas para dar substância a estas generalizações devemos nos voltar aos artistas e aos poetas:

> *Beneath him, with new wonder, now he views,*
> *To all delight of human sense expos'd,*
> *In narrow room Nature's whole wealth; yea, more,*
> *A Heav'n on Earth: for blissful Paradise*
> *Of God the Garden was, by him in the East*
> *Of Eden planted. Eden stretched her line*
> *From **Auran** Eastward to the Royal Towrs*
> *Of great Seleucia, built by Grecian Kings,*
> *Or where the Sons of Eden long before*
> *Dwelt in Telassar: in this pleasant soile*
> *His farr more pleasant Garden God ordained.*
> *Out of the fertile ground he caus'd to grow*
> *All Trees of noblest kind for sight, smell, taste;*
> *And all amid them stood the Tree of Life,*

> *High eminent, blooming Ambrosial Fruit*
> *Of vegetable Gold; and next to Life,*
> *Our Death, the Tree of Knowledge, grew fast by,*
> *Knowledge of Good, bought dear by knowing ill.*
> *Southward through Eden went a river large,*
> *Nor chang'd his course, but through the shaggie hill*
> *Pass'd underneath ingulft; for God had thrown*
> *That Mountain, as his Garden mould, high rais'd*
> *Upon the rapid current, which, through veins*
> *Of porous Earth with kindly thirst up drawn,*
> *Rose a fresh Fountain, and with many a rill*
> *Watered the Garden; thence united fell*
> *Down the steep glade, and met the neather Flood,*
> *Which from his darksom passage now appears,*
> *And now, divided into four main Streams,*
> *Runs divers, wandering many a famous Realme*
> *And Country whereof here needs no account.*
> *(Paradise Lost, IV, 205-35)*[1]

A geografia do Jardim, originalmente criado por Deus para seu próprio deleite e no qual ele está habituado a caminhar, é desta construção desconhecida, que uma colina surgiu sobre um riacho, fazendo deste um rio subterrâneo que regressa "da obscura estrada" para se unir ao rio que fora erguido da cascata no topo do monte, cujas águas "em cachões de alva espuma se desenham, indo à subtérrea enchente incorporar-se". Antes unida, a correnteza divide-se então em quatro fluxos, "divergindo, serpenteando por famosos domínios / e terras / sem prestar contas a ninguém". Este sistema vascular imaginário só é de interesse para Milton na medida em que alimenta os seios e a cabeça, a Árvore da Vida "de todas a mais alta / Com frutos de ambrosia / E o brilho do ouro vegetal /

Cresce da Ciência ali a árvore perto / Que igual ensina o Bem e o Mal que o dana, / Ciência fatal que nos fadou com a morte!".

É uma poderosa invocação do interior do corpo da mãe e os motivos distintos que atraem a parte intrusiva da personalidade para dentro, para o prazer sensual do seio ou a onisciência da cabeça (biblioteca) da mãe. Das duas é somente a Árvore da Ciência que é proibida e consequentemente, é para o anseio pelo conhecimento divino que Satã apela para seduzir Eva. A visão de sexualidade de Homero é menos cheia de culpa:

> *This hand the wonder framed; an olive spread*
> *Full in the court its ever verdant head.*
> *Vast as some mighty column's bulk, on high*
> *The huge trunk rose, and heaved into the sky;*
> *Around the tree I raised a nuptial bower,*
> *And roofed defensive of the storm and shower;*
> *The spacious valve, with art inwrought, conjoins;*
> *And the fair dome with polished marble shines.*
> *I lopp'd the branchy head; aloft in twain*
> *Sever'd the bole, and smooth'd the shining grain;*
> *Then posts, capacious of the frame, I raised,*
> *And bore it, regular, from space to space:*
> *Athwart the frame, at equal distance lie*
> *Thongs of tough hides, that boast a purple dye;*
> *Then polished the whole, the finished mould*
> *With silver shone, with elephant and gold.*
> (The Odyssey, Book XXIIII, tradução para o inglês de Alexander Pope)[2]

Aqui a voz do poeta evoca-nos o quarto nupcial. Novamente vemos a árvore, dessa vez a oliveira, em volta da qual é construído este isolado e indestrutível refúgio.

Mas a *Odisseia* também é uma imagem atraente da função do pai interno em seu retorno, através do ato de amor, para libertar a mãe interna dos perseguidores e dos detritos projetados pelas crianças travessas e más. Estes detritos, coletados no reto da mãe e removidos pelo pai interno, numa tarefa hercúlea como o Estábulo de Aúgias,[3] traz outro ponto em que a relação dos pais externos apoia ou enfraquece o conceito inconsciente da criança sobre a relação entre os pais interno nos níveis de objeto parcial ou total.

Estas descrições, tomadas dessa forma, do vértice da parte telêmaca[4] da personalidade infantil em face dos irmãos e irmãs travessos, carregada, é claro, de competitividade infantil selvagem, representa as consequências da clivagem e da idealização dos objetos. Os pais "maus" são também representados em fantasia, e na *Odisseia* eles podem ser encontrados em outros aspectos tanto de Ulisses quanto de Penélope. Ele é o aventureiro que fica muito tempo longe de casa e logo sai novamente em suas viagens. Penélope é também a mãe má cuja fraqueza, sem suporte, encontra recurso para decepção e apaziguamento ao lidar com as crianças más (da gangue narcísica). Mas, mesmo em sua "maldade", os pais idealizados ilustram a bondade que, sem os entraves da identificação projetiva infantil (de qualidades adolescentes, por exemplo, em Ulisses e Penélope), os objetos internos podem desenvolver. O firme estabelecimento da segmentação parece ser a precondição para a evolução das qualidades da mente dessas figuras parentais, extrapolando para o infinito de veracidade, bondade e sabedoria – para a divindade.

Os capítulos seguintes irão explorar as alterações forjadas nestas divisões pelas partes intrusivas do *self*. Mas não posso deixar este tributo à inspiração que vem dos poetas e dos artistas sem mencionar a grande exposição desta segmentação vista através da mentalidade, atormentada pelo pecado e pela praga, do século XV. O tríptico de Bosch, comumente chamado de "O Jardim das Delícias Terrenas",* mostra a indolência, a sensualidade e a claustrofobia das três divisões consequentes à "primeira desobediência", a intrusão sobre as prerrogativas dos pais.

Notas

1. *De cima da árvore olha, e em longo alcance*
   Vê todos os prodígios destinados
   Para o deleite e precisões dos homens;
   Num distinto lugar acha em resumo
   Da natureza as opulências todas, –
   Ou melhor, vê ali um Céu na Terra:
   Era o jardim de Deus, o Paraíso,
   Que ele mesmo plantou no oriente do Éden.
   O Éden em seu circuito se estendia
   Desde o oriental Aurã de onde ergueram
   Os Gregos reis da grã Selêucia as torres,
   Ou onde em Telassar do Éden os filhos
   Muito antes desses tempos habitaram.
   Neste agradável solo fez o Eterno
   O jardim seu mais agradável ainda,
   Muito excedendo o que era dado ao solo:
   Coloca ali as árvores mais aptas

---

*   Nota do autor: esta imagem pode ser encontrada em *Wikimedia Commons*, commons.wikimedia.org.

Para encantar a vista, o olfato, o gosto;
No meio delas a Árvore da Vida
Lhe apraz dispor, de todas a mais alta,
Com frutos que de ambrosia o cheiro lançam
E o brilho do ouro vegetal ostentam.
Cresce da Ciência ali a Árvore perto

Que igual ensina o Bem e o Mal que o dana, –
Ciência fatal que nos fadou côa morte!
Do Éden corre através, do sul manando,
Não torcido em seu curso, um largo rio
Que, chegado à raiz do arbóreo monte
Posto por Deus ali sobre a corrente
De seu jardim como elevado muro,
As massas térreas bíbulas lhe rompe:
Parte subtérreo horizontal correndo,
Parte, com atraente força erguido,
Sobre do monte pelo escuro seio,
E em cima, em rica fonte rebentando,
Rega o jardim de inúmeros arroios,
E, por cascata ingente alcantilada,
Em cachões de alva espuma se despenham,
Indo à subtérrea enchente incorporar-se
Onda da obscura estrada à luz regressa.
Ganhando o rio o prístino volume,
Em quatro grandes rios se reparte
Que, por muitas regiões, famosos reinos,
Cuja notícia agora inútil fora,
Em direções diversas vão correndo.

(Paraíso Perdido, Livro IV, p. 93-4)

2. *Grossa como coluna, vegetava*
   No pátio umbrosa e florida oliveira:
   Densas pedras em roda, em cima um teto,
   Câmara edifiquei de unidas portas;
   Já desgalhado, a bronze descasquei-lhe
   Desde a raiz o tronco, e de esquadria
   Artífice o puli, verrumei tudo,
   Formando um pé, começo do meu leito;
   Marfim neste embutindo e prata e ouro,
   Táureas correias lhe teci vermelhas.

   (Odisseia, Livro XXIII)

3. O quinto dos trabalhos de Hércules foi limpar os estábulos de Aúgias em um dia. Isto era visto como humilhante (mais do que incrível, como os trabalhos anteriores) e impossível, já que o gado era divinamente sadio (imortal) e assim produzia um enorme quantidade de esterco.

4. Na mitologia grega, Telêmaco ou Telémaco era neto de Laertes, e filho de Penélope e do herói Odisseu (mais conhecido por Ulisses, seu nome em Roma), que deixou sua família, quando Telêmaco ainda era bebê, para lutar em Troia.

5. A vida no claustro

A partir da visão do modelo-de-mente de Klein/Bion (pós--kleiniana), a psicopatologia pode ser classificada de um modo que corresponde bem às classificações puramente descritivas da psiquiatria. A classificação metapsicológica, ou melhor, extensão metapsicológica, faz uma divisão entre os distúrbios neuróticos e psicóticos: as lutas esquizoparanoides (Ps ↔ D) contrastam com estruturas efetuadas pela clivagem e identificação projetiva, que influenciam profundamente o caráter, senso de identidade, capacidade de formação de símbolo, visão-do-mundo, formação de conceitos (desenvolvimento cognitivo), humor. Nesta visão, as esquizofrenias devem ser colocadas à parte como a vida em um mundo do sistema delirante, fora do contato ou troca com a realidade psíquica.

Enquanto temos vislumbres transitórios no claustro de pacientes neuróticos e normais, é no trabalho com estados limítrofes e psicóticos que o mundo interno é exposto para nosso livre exame.

Sem as teorias de Bion sobre o pensamento e os grupos, munidos somente pelos mecanismos freudianos e as posições kleinianas, mesmo com o acréscimo dos conceitos de clivagem, nossa descrição destes estados mentais carece de energia e vivacidade, e nossa intervenção terapêutica encontra pouco apoio frente ao muro sólido da resistência à mudança. Os problemas técnicos que levaram Freud a considerar que as neuroses narcísicas estavam além do alcance da psicanálise, por falta de capacidade de estabelecer uma transferência, serão considerados no próximo capítulo. A ancoragem de Melanie Klein no impulso epistemofílico que se encontra no interesse do bebê pelo interior do corpo da mãe e, portanto, por sua mente, foi explorada extensivamente em "A apreensão do belo", e algumas das qualidades do mundo interno como um aspecto da realidade psíquica já foram descritas nos segundo e terceiro capítulos, como derivadas da psicanálise e do *insight* dos artistas. Estas qualidades, interpretadas ao invés de observadas, devem ser diferenciadas daquelas diretamente experimentadas através da identificação projetiva. Estas últimas, com as quais estamos prestes a lidar, são grandemente influenciadas pela circunstância da intrusão. Não somente os motivos da incursão alteram o julgamento, mas também os danos causados pelo parasitismo alteram o estado do objeto. Isto é mais claramente visto nos estados maníaco-depressivos e na hipocondria, e foi vividamente descrito por Abraham e Klein.

A diferenciação de Bion entre os processos identificatórios projetivos comunicativos e os intrusivos, em sua aplicação nos objetos externos, pode ser tida como um reflexo dos processos internos, reservando a influência que as experiências externas possuem sobre as qualidades dos objetos internos através dos obscuros eventos introjetivos. Sobre este campo de operação o valor do procedimento psicanalítico depende em grande parte, para sua capacidade de reabilitar objetos internos danificados, do aspecto do processo assim chamado de "experiência emocional corretiva". O papel decisivo do objeto de dependência infantil, essencialmente interno e refletido externamente na transferência, ao convidar e conter as identificações projetivas, experienciadas na contratransferência, anuncia a intenção intrusiva, em algum grau, na presença do objeto. Mas pode deixar de fazê-lo na situação interna, durante as separações, como documentado pelos sonhos e suas sequelas (atuações dentro da análise,[1] atuações fora da análise,[2] prejuízo de contato).

Este fator de atração, e consequentemente de receptividade, é crucial nas relações de objeto. Mas tem uma contrapartida perversa, que necessita ser mencionada de passagem a fim deixar de lado seu fenômeno para evitar confusão com os eventos com os quais estamos lidando. Estou me referindo às experiências passivas de identificação projetiva, de ser sugado para dentro do claustro com suas consequências tanto identificatórias quanto claustrofóbicas. Este é um fator importante naqueles entrelaçamentos de pais e filhos conhecido como delírio a dois (*folie à deux*) em sua forma extrema, mas também tendo um papel nas situações em que as ambições do pai (ou mãe) para uma criança excedem uma atitude preocupada comum e tomaram a forma exata ou de um mimetismo exigente ou de cumprimento das ambições não realizadas do pai (ou mãe).

Tendo esclarecido o campo de discussão da vida-dentro-do--claustro pela exclusão da identificação projetiva comunicativa e dos processos projetivos passivos, podemos passar a nos ocupar da descrição do mundo interno como vivenciado de dentro, e as qualidades de adaptação que este impõe ao intruso. A descrição que se segue é uma combinação de experiências clínicas dos últimos quinze anos, seguindo as realizações de *The delusion of clarity of insight*, algumas delas de meus próprios pacientes, mas muitas de supervisões do trabalho de analistas e psicoterapeutas jovens em nosso país e no exterior. Um material clínico mais detalhado se encontra espalhado pelas publicações anteriores, particularmente nos *Studies in extended metapsychology* e "A apreensão do belo" (com Meg Harris Williams).

O plano é trilhar nosso caminho de cima para baixo, abordando nos capítulos seguintes o papel da identificação projetiva em áreas clínicas específicas, incluindo o início da doença esquizofrênica. Mas algumas generalizações podem ser inicialmente feitas, que envolvem os fenômenos das três divisões. A primeira consideração deve tratar dos modos de entrada no portal, que varia da violência para a furtividade e a astúcia quando promulgada com um objeto externo de transferência infantil. Desde "insinuar-se em alguém" com sua confiança, se intrometer por escutas e espionagem na privacidade de alguém, se impor nos processos de pensamento de outro através de mentiras e ameaças, deixar alguém em submissão por uma pseudogenerosidade ligada a ameaças de execução – os dispositivos são inumeráveis para insinuar-se para dentro da mente do outro. Destes processos com objetos externos extraem sua onipotência, contudo, a partir das relações com objetos internos e da forma masturbatória, pois é a masturbação que não somente acompanha a fantasia inconsciente, como também o clímax orgástico, selam sua onipotência. A fantasia masturbatória consciente com frequência tem pouca conexão direta com o processo inconsciente e é apenas empregada conscientemente, para aumentar a excitação e ocultar este processo. Entretanto, devo dizer que é a promulgação da fantasia masturbatória com o outro ou com um grupo no mundo externo que dá origem a um assustador problema depressivo. Isto atua como um selo sobre o claustro, como veremos quando investigarmos os fatos em torno da emergência a partir do interior do objeto.

Os portais de entrada para a projeção comunicativa são limitados, no nível infantil, aos sentidos particulares do objeto e às áreas não eróticas da pele. Mas todo sentido e orifício é um portal em potencial para o intruso. Os olhos podem ser penetrados pela exibição, as orelhas pelas mentiras, o nariz pelos flatos, a boca por pedaços ilícitos, a pele por beliscões e picadas e arranhões, tanto o ânus quanto a uretra e o genital pelos dedos e objetos. O grau de criminalidade parece variar ao longo de um espectro que vai da violência à trapaça, mas de algum modo o pior, o menos perdoável, é o sedutor que faz mau uso do convite à comunicação para propósitos intrusivos. Esta forma de criminalidade é encontrada na cultura autêntica do psicopata, que está sempre comprometido em projetar sua paranoia. Estes aspectos de graus de criminalidade têm um impacto importante na reversibilidade da intrusão e são considerações vitais na terapia dos estados gerados pela identificação projetiva.

Mais uma generalização está na ordem: um lembrete, por assim dizer, de que a parte intrusiva da personalidade sofre de ansiedades que são contingentes ao fato de não serem convidadas. Ele é um transgressor, um impostor, um enganador, uma fraude, potencialmente um traidor. Mas também é um exilado do mundo da intimidade, da beleza do mundo, que na melhor das hipóteses, ele pode ver, ouvir, cheirar, experimentar apenas de forma indireta através da mediação do objeto.

Terá sido notado que estou prestando muito pouca atenção aos processos de identificação intrusiva com o pai, interno ou externo. A razão disso é somente uma. Tais intrusões parecem ser passos necessários no caminho para a intrusão para dentro do objeto materno, se envolverem o genital paterno ou a mente. Em consequência disso, eles mesmos não produzem o estado da mente que está em exame, mas apenas o completam.

A vida dentro da cabeça/seio materna

Construída a partir de fora, a cabeça/seio materna é vista como um objeto, parcial ou posteriormente, integrado, com outros aspectos da mãe inteira, eventualmente como um objeto combinado, mamilo/olhos e seio/cabeça, cuja qualidade primária é a riqueza. Esta riqueza, em princípio concreta e relativa à necessidade urgente por nutrição, torna-se diversificada em suas nuances: generosidade, receptividade, reciprocidade estética; *insight* e todo conhecimento possível; a localização da formação simbólica e, assim, da arte, poesia, imaginação. Vista do interior, influenciada pelos motivos para a intrusão, a história é muito diferente. A generosidade se torna compensação, receptividade se torna engodo, reciprocidade se torna conspiração, *insight* se torna penetração de segredos, conhecimento se torna informação, formação simbólica se torna metonímia, arte se torna estilo. Vista de fora, a cabeça/seio da mãe é uma trabalhadora, sobrecarregada com responsabilidades, prudência de visão. Vista de dentro é indolente, despreocupada, vivendo apenas sob a força de sua beleza e saúde transitórias.

Esta vulgarização dos conceitos caracteriza assim, a grandiosidade identificatória da identificação intrusiva. Quando o caráter é fortemente influenciado pela identificação, reconhecemos facilmente o suposto gênio, o crítico, o perito, o astuto, a beleza profissional, o homem rico, o sabe-tudo, os que competem por fama e a "reputação mentirosa". As vidas secretas destas pessoas revelam o aspecto claustrofóbico. Elas são assombradas pelo senso de fraude e ainda não são capazes de enxergar no que elas são diferentes de qualquer outra pessoa de padrão social similar. Por isso elas são intolerantes a crítica e profundamente não educáveis, na medida em que não podem suportar professores. Em vez disso, eles procuram atacar a si próprios como auxiliares aspirantes à posição apostólica, caricaturando a aspiração de Milton para "conciliar os caminhos de Deus com os homens". Sua indolência essencial é desmentida pela vitalidade que gastam para obter algo para nada, para outra coisa senão o trabalho manual, é suspeito de fraude. Carecendo da capacidade de pensamento e julgamento, eles são escravos do estilo, mas não sabem de mais nada. Seja qual for a orientação emocional que pareça estar na moda eles esforçam-se para inserir-se, mas sem convicção, pois para suas emoções falta urgência tanto quanto para suas ações falta determinação. Estas falhas emocionais devem ser ocultadas por cinismo e escárnio, para eles não há valores exceto a opinião dos outros, especialmente da massa de estranhos, da multidão, por quem eles estão profundamente aterrorizados e de quem são alienados pelo elitismo. Este é o mundo proustiano.

Por conta do importante papel que tem a vida-no-claustro deste compartimento para o período inicial da terapia psicanalítica, particularmente com os altamente educados e com muitos adolescentes, parece pertinente incluir aqui o artigo que representou para mim um avanço para o interior do funcionamento da onisciência. Chamei este tipo particular de onisciência, para separá-la das categorias baseadas em objetos delirantes e alucinantes, "delírio que teve um *insight* claríssimo" (*The delusion of clarity of insight*).

Para implementar seu equipamento sensorial, o homem que fazia ferramentas se tornou um homem científico e desenvolveu uma surpreendente gama de instrumentos para avaliar qualidades e quantidades no mundo externo. Ele desenvolveu um sistema notacional adequado para auxiliar sua memória e comunicação a respeito destes objetos. Encorajado pelo indício de sucesso, particularmente no último século, começou a tentar, com compreensível otimismo, aplicar estas mesmas técnicas para a descrição e o cálculo das coisas das quais seu mundo interno, sua realidade psíquica, é composta.

A consequente produção de instrumentos e dados foi novamente impressionante, mas muitas pessoas se sentiram apreensivas quanto à validade e precisão destes produtos, pois de algum modo eles pareciam estar tão próximos da riqueza quanto da significância dos instrumentos para investigação e comunicação desenvolvidos pelos poetas, artistas, músicos e figuras teológicas. Alguns consideram que a culpa é do fundo conceitual e não dos instrumentos. Outros consideram que nos deparamos com as limitações da linguagem ao tentar, como Wittgenstein (1953) afirma, dizer coisas que somente podem ser mostradas. Freud notou bastante cedo uma divisão bem marcante em seu próprio uso da linguagem, que suas teorias que saíam do laboratório e seus dados lidos como contos. À medida que ia em frente com seu trabalho ele também notava repetidas vezes que, quando confrontado com um impasse conceitual, ele se achava retornando ao sonho como seu dado primário (Freud, 1918).

Esta parece ser uma lição que é fácil de perder de vista. Podemos esquecer que nossos pacientes e nós mesmos apresentamos uma linguagem única nos sonhos, uma linguagem cuja substância forma o conteúdo, se não a essência estética, de arte. Os sonhos emprestam as formas do mundo externo e as inundam com o significado do mundo interno. Aprendemos com a prática a ler esta linguagem dos sonhos em nós mesmos e em nossos pacientes com certa fluência, às vezes até mesmo com destreza. Com sua ajuda encontramos um vocabulário e uma música para a interpretação que é ao mesmo tempo, altamente pessoal e misteriosamente universal. Nossa utilização desta paleta do sonho subjaz à reivindicação de que a psicanálise é verdadeiramente uma forma de arte, em si mesma, completamente fora da questão de se algum de nós é bom, muito menos ótimo, artífice neste trabalho. É um método rico o bastante em suas potencialidades para permitir o surgimento da possibilidade de inspiração e de grande beleza.

Nesta atividade artística, dirigida por funções científicas, estas últimas são empregadas em diversos escalões. Primeiro, talvez nós tentamos observar que uma formulação "oculta" o material disponível. Então, com tranquilidade, podemos estimar sua harmonia com o material anterior e a interpretação. Subsequentemente, estimamos suas consequências para a emergência de um material novo e a evolução de um processo. Mas nossa força de convicção não se trata, eu sugiro, da união entre *insight* e julgamento. Trata-se sim do componente estético da experiência, a "beleza" com a qual o material e a elaboração coabitam, florescem, frutificam, como uma coisa à parte de nós mesmos.

Neste processo lento a riqueza com a qual as possibilidades interpretativas surgem na mente de um analista desempenha um papel paradoxal. Enquanto esta riqueza prolonga o período de tempo durante o qual a convicção deve ser amadurecida e a beleza emergir, a durabilidade da convicção é proporcionalmente reforçada. Mas podemos notar as vezes em que outro processo bem diferente toma lugar em nós mesmos, aquele que nós podemos até confundir com inspiração. Naturalmente chega mais prontamente ao nosso conhecimento em nossos pacientes e passei a pensar nisto como um "delírio que teve um *insight* claríssimo". Isso também carrega herdeiros, mas não aqueles da beleza. Outros, como a presunção, a arrogância, a indiferença e o orgulho seguem rapidamente em frente.

É justamente esta justaposição e a base do deslocamento entre estes dois tipos de funcionamento que desejo explorar e exemplificar, na raiz dos quais suspeito que estão os processos de identificação e a mudança do método introjetivo para o narcísico. Mencionei identificações "narcísicas" em vez de identificação "projetiva" (Klein, 1946) porque não estou totalmente certo de que esta última é o único meio de sua realização (do deslocamento). Mas como você verá, meu material aponta apenas para um aspecto específico da identificação projetiva, aquele que está ligado intimamente ao impulso epistemofílico. Quando a sede de conhecimento é ainda fortemente dominada por motivos relacionados à inveja e ao ciúme, a sede de conhecimento é intolerante ao aprendizado quer a partir da experiência, quer do exemplo ou da demonstração. Ela busca preferencialmente a satisfação emocional imediata da onisciência e isto é alcançado através da intrusão dentro do aparelho sensorial e do equipamento mental de seu objeto interno. Aqui estão três vinhetas clínicas para ilustrar isto.

Caso A

Um estudante de medicina notou recentemente uma deterioração acentuada em sua capacidade de observação clínica e pensamento durante o curso de uma pausa analítica. Trouxe um sonho em que "ele e sua esposa estavam andando ao longo de uma estrada secundária admirando o cenário, e então eles estavam dirigindo em um carro ao longo de uma calçada entre dois corpos de água. De repente, o carro parou e ele se deu conta de que tinha ido muito longe e tinha rompido a mangueira de borracha que conectava seu carro à bomba de gasolina".

O assunto do sonho parece ser que quando ele está em identificação projetiva (dirigindo o carro) sua valorização da complexidade e da beleza de seus dados (a paisagem) está limitada a uma disposição estreita e ideias simples de causalidade (a calçada) até que ele reconhece a necessidade da análise (bomba de gasolina) para ajudá-lo a ultrapassar suas limitações presentes.

Caso B

Um jovem autor no quinto ano de sua análise estava lutando com seu conflito edípico genital, sua dependência da análise e de seus objetos internos para a continuação de seus poderes criativos. A expectativa do término da análise tinha chegado à vista e tendia a lançá-lo numa confusão de identidade com sua filha pequena e o problema de ter um segundo filho. Ele sonhou que "ele estava com um colega (há muito tempo reconhecido como vinculado ao analista) dentro de um conservatório em forma de cúpula (como aquele que ele esteve admirando próximo ao Heath no dia anterior) discutindo seu novo livro. Quando o colega sugeriu que as duas seções principais do livro deveriam ser mais criativamente vinculadas de um modo geográfico, o paciente de repente ficou perturbado com um zumbido. Quando ele olhou para cima o céu estava cheio de objetos transparentes, uma mistura de Força Aérea e vagalumes. Sentiu que devia correr para casa para proteger sua garotinha das bombas".

Parecia fortemente implicar que no momento em que o analista sugere que seus objetos internos podem estar autorizados a se unir para criar um novo bebê, o "delírio que teve um *insight* claríssimo" do paciente (dentro do seio-conservatório) reconhece que isto poderia ser perigosamente destrutivo para a parte garotinha dele mesmo e que ela deveria ser protegida a todo custo de tal experiência. Esta apenas a bombardearia com inveja-nazista e preocupação com os genitais excitados do papai (vagalumes).

Caso C

Uma mulher jovem parecia incapaz de fazer qualquer progresso na análise por conta de sua superficialidade de um tipo do período de latência em que ela estava esperando-pelo-papai-para--casar-com-ela. Isto tinha se ligado firmemente ao papai-analista de modo que nenhuma interpretação era levada a sério por seu conteúdo, mas somente como uma atividade contratransferencial que expressava erotismo amoroso ou sádico. Após visitar a família de seu irmão no final de semana ela sonhou que "ela estava carregando um garotinho num elevador e beijando-o, mas ela estava um pouco temerosa de que seu hálito poderia estar cheirando mal". Este sonho construído para significar que ela tinha entrado na mamãe-analista no final de semana para roubar seus bebês, mas estava preocupada com o fato de seu amor poder estar contaminado por seu sadismo anal refletido em seu vício de fumar.

Na noite seguinte ela sonhou que "estava dentro de um conservatório de vidro protegendo um garotinho de Cary Grant, que parecia ser um homossexual furioso com a intenção de surrar o garoto com seu pênis extraordinariamente longo". Como eu interpretei para ela longamente (sic!) que ela tinha passado de "roubar" os bebês da mamãe para "ser" um destes bebês internos submetidos masoquisticamente ao pênis-língua sádico do papai erótico, a paciente riu e, sobretudo, sorriu perguntando por que eu estava tão sério, por que eu estava tão agitado, dizendo que minha interpretação parecia desapontadamente banal, que eu provavelmente estava magoado com sua falta de admiração por minha mente etc.

Claramente eu era incapaz de removê-la de seu estado de identificação projetiva dentro do seio (conservatório), posição pela qual o delírio que teve um *insight* claríssimo sobre o estado da mente do analista mostrou a ela inequivocamente que ele estava magoado, agitado, e sadicamente surrando-a com longas interpretações-pênis.

Estes exemplos são claramente muito anedóticos e pouco convincentes. Eles podem somente exemplificar, deixando muitas dúvidas e questões não respondidas. A ampla paisagem se estreitando na calçada pode sugerir uma imaginação empobrecida no Caso A. A simplificação dos modos de pensamento a partir de vínculos complexos para simples causalidade pode estar implicada. O conservatório em forma de cúpula sugere o seio e a transparência da Força-aérea-vagalume pode de fato implicar um alto grau de onisciência no Caso B. O fato de que o Caso C é dependente de seus óculos, a um grau que supera de longe seu erro de refração, pode estar vinculado com subir no elevador, com o significado de entrar dentro da cabeça-seio conservatório da mãe para olhar para o mundo através de seus olhos. Para encontrar maior convicção tanto quanto uma concepção mais rica do papel de tais operações no estilo de vida de uma pessoa nós precisamos olhar para uma imagem mais longitudinal de uma análise.

Caso D

Esta linda mulher em seus quarenta anos estava bem ao longo de sua carreira como pesquisadora química, combinada com sucesso ao casamento e filhos, quando ela veio para análise com algum desespero a respeito de seu mau temperamento com os filhos, importunando sua cabeça e com uma compulsão por comer chocolate. Sua relação com o senhor D. parecia ter progressivamente deteriorado desde que eles passaram um ano extraordinariamente feliz e frutífero no Canadá, cada um trabalhando em seu próprio ramo. Desde o início ela estava extremamente cética em relação à análise e sentia que, das muitas pessoas que conhecia em Londres que haviam sido analisadas, a única que demonstrou nítida melhora aos olhos da senhora D. era, paradoxalmente, o menos entusiasta a respeito do método.

Desde o início o trabalho era continuamente confrontado por um minuto de questionamento sobre a validade do método por essa mulher altamente inteligente e observadora. Não era feito de modo hostil, mas apresentado como necessário para que ela cooperasse de modo impecável. Isto de fato ela fazia, superficialmente, mas suas atitudes sugeriam um negativismo oculto e ela admitiu ter pouca esperança de ter benefícios. No entanto, ela sentia que não podia resignar-se em sã consciência com as peculiaridades de seu caráter, já que estes afetavam seus filhos, sem mencionar a felicidade de seu marido, até que todo esforço tivesse sido feito. Num certo sentido, o analista tinha de manter o nível esperançoso de trabalho e aturar o fardo pesado da desesperança que era constantemente recorrida. Ele e a análise eram colocados à prova enquanto a paciente, ao invés, esperava com desejos primorosamente equilibrados pelo resultado distante. Quando verificou-se que as queixas presentes eram apenas pequenos fragmentos de seu caráter e sintoma patológico, nenhum progresso em outras áreas teve estatuto concedido. Sua irritabilidade somente piorou até que finalmente transformou-se no terceiro ano em uma indiferença difusa e desamor por todos. Em seu livro de registros a análise apenas a tornou pior e de fato facilitou a destruição de toda sua vida. Contudo, paradoxalmente, ela não tinha o desejo de desistir, mas, em vez disso, mostrou todos os sinais de estabelecer a duração – de sua ou minha vida, qual fosse a mais curta. Em face desta assustadora perda de interesse – no trabalho, nos filhos, na sexualidade, na vida social – era necessário se apegar ao processo da análise e sua evolução interna.

Mas de fato o desenvolvimento do material analítico, a evolução da transferência e o entendimento crescente dos processos mentais da paciente não deixavam nada a desejar, exceto pelo prazer e entusiasmo da parte dela. Uma transferência erótica precoce e intensa exibiu elementos claramente voyeuristas. Um forte desejo de olhar para o analista, monitorando minuciosamente seus ruídos, cheiros e aparência assim como aqueles do resto da casa, acompanhado por uma emotividade oceânica às vezes parecia, como ilustrado por seus sonhos, apontar para o impacto das experiências primitivas no quarto dos pais. A dissimulação se proliferou, juntamente com uma atitude bastante paranoide sobre a possibilidade de ser reconhecida indo ou voltando do consultório do analista. Ela manteve a análise como um segredo absoluto em relação à sua mãe, apesar do fato de que a relação delas tenha se tornado muito calorosa, substituindo a postura de vigilância que a senhora D. adotara desde a morte de seu pai. Quando foi sugerido que esta dissimulação deveria ser parte de uma conduta difusamente nociva em relação à sua mãe, a paciente tentou estabelecer que este não era o caso. "Bem, eu sei que você me ama", a senhora D. não podia ver a resignação implícita. De fato, todas as evidências apontavam na direção de que ela fora uma filha que representava alguma sustentação, com quem a técnica de acordos fora cedo adotada. Sua obstinação era imensa e poderia facilmente ter sido conduzida para uma atitude autodestrutiva se não fosse aplacada. Ademais, ela manteve sua irmã mais nova como refém de muitas maneiras. Na situação de transferência era claro que sua necessidade de estar "certa" era uma paixão primordial e podia ser remontada com alguma convicção aos eventos associados ao seu segundo ano: nascimento da irmã, saída do quarto dos pais, e mudança para uma nova casa.

Repetia-se seguidamente, e de modo muito detalhado, a relação erótica com o analista, como se ele fosse a dupla parental (Meltzer, 1967). Parecia claro pelos sonhos que o ano passado fora, no Canadá, tinha sido experimentado de forma similar em seu interior, de modo que o retorno para Londres tinha agitado as lembranças da grande expulsão, nunca perdoada. Sua vingança em relação aos pais na infância tinha tomado a forma de se apropriar de um segredo hipócrita em relação à sua sexualidade, que fora destinado para confrontar o estabelecimento da privacidade do quarto dos pais. Ela se tornou uma criança que confidenciava todo o restante como se fosse um abrigo em relação a esta quebra de confiança e, por um longo tempo após a diminuição da transferência erótica, este padrão duplo de confidencialidade reaparecera na situação analítica. Sua promulgação em seu casamento foi revelada e a separação foi lentamente efetuada.

Em consequência disto as separações analíticas eram sentidas mais sutilmente e isto possibilitou uma delineação clara entre a parte adulta de sua personalidade e as estruturas infantis. Estas últimas incluíam um bebê muito dependente, precisando urgentemente da "mãe-latrina" (Meltzer, 1967), mas temendo cair da altura do seio-nutridor; e, além disso, aí apareceu uma irmã mais velha sabe-tudo. Esta era a parte que sabia mais que a mãe e estabelecia um julgamento severo a respeito de quase todos. A única exceção a isto parecia ser a avó materna, para quem as qualidades "parentais" continuavam aderidas historicamente. Isto correspondia na análise ao estado de Melanie Klein, enquanto o analista, como os pais, era sentido como altamente sexual, mas de duvidosa confiabilidade.

Assim que nós procedemos ao terceiro ano da análise a senhora D. parecia cair em um tipo inconstante de resistência ao trabalho, trazendo seu material com indiferença e ouvindo as interpretações com um tédio mal disfarçado e apreensões a respeito do que lhe parecia a atitude arrogante do analista em relação às evidências. Ela considerava explicitamente como não digna de respeito uma chamada ciência cujos critérios de função de verdade se apoiavam no domínio estético, o que não provava nada e não podia convencer ninguém. Isto atingiu uma proporção divertida um dia num incidente envolvendo uma teia de aranha pendurada no teto do consultório. De alguma forma surgiu a questão sobre sua origem; é que isto necessariamente implicava uma aranha ou eram possíveis outros eventos, tal como partículas de poeira aderidas pela eletricidade estática. A senhora D. pesquisou prontamente sobre isto, não em um texto de física ou biologia, mas no dicionário (*New Oxford Dictionary*), e estava lá. A possibilidade de minha experiência pessoal estava descartada a favor da definição. Quais fossem as experiências do analista em outros fenômenos, elas não poderiam ser "teias de aranha". Ele estava cometendo um erro linguístico, jogando o jogo-de-linguagem errado (Wittgenstein, 1953).

Este debate sobre o significado e sua relação com a linguagem chegou ao clímax com uma série de sonhos envolvendo a mãe da paciente. Frequentemente as duas estava escalando colinas juntas, fazendo piqueniques em penhascos com vista para o mar ou estavam no andar de cima de uma casa preparando comida. Nestes vários cenários ela estava em conflito contínuo com sua mãe, como quem tinha o melhor julgamento. Sua mãe era infinitamente paciente, complacente e gentil, enquanto ela própria era infinitamente tolerante com o conhecimento limitado de sua mãe, sua rigidez, sua velhice e fadiga, sua estreiteza provinciana etc. O problema de trazer a este bebê uma dependência confiante em relação ao seio era agravado pela persistência de sua identidade infantil que era investida na parte "irmã mais velha". Parecia sem esperança enquanto deitava sessão após sessão tratando o método analítico deste jeito entediado, brincando com seus colares, encolhendo seus ombros de bebê, saindo no final da sessão com seu nariz de bebê empinado. Mas um sonho possibilitou uma fenda na armadura.

Dois meses antes ela tinha tido um sonho que parecia fazer referência à sua aversão pelo timbre de sua própria voz: "ela descobriu que o piano soava tão mal porque havia uma doninha escondida dentro dele que produzia uma espuma corrosiva. Mas quando ela tentava jogá-la pela janela, continuava voltando para dentro, apesar dos dois grandes cães de guarda". Isto parecia estar claramente ligado ao desprezo ácido em sua voz, com seus olhos sempre esmiuçando os defeitos do analista e omitindo suas virtudes. O modo pelo qual isto operava para frustrar o seio em seus esforços para preencher o bebê com algo bom e o modo com que era relacionado às tendências sexuais perversas, encontraram uma representação brilhantemente condensada em um sonho muito assustador e decisivo com uma estrutura associativa rica. No sonho "parecia que a Bíblia não podia mais ser ensinada nas escolas em Londres visto que as crianças não a aceitariam a não ser que tivesse um nome de levada estatura como 'filosofia moral'. Então ela parecia estar em uma classe onde uma garota estava distribuindo pedaços de algodão enquanto outra estava fazendo uma invocação mística para atrair um pássaro gigante para roubar e levar consigo outra garota. Neste momento uma mulher-pássaro apareceu na janela, batendo contra o vidro com suas asas e um pedaço de madeira. A senhora D. sentiu-se aterrorizada pensando que ela poderia entrar".

As associações ao sonho foram reveladoras e mordazes. Quando eles tinham estado no Canadá, vivendo em um chalé, um pisco-de-peito-ruivo[3] vinha toda manhã e batia contra a janela do quarto. A senhora D. pensava que devia haver um ninho ali quando o chalé estava desocupado. No dia anterior ao sonho a paciente teve de ir para Oxford a trabalho e sentiu-se apreensiva de que poderia ver o analista na rua. Mas, em vez disso, no caminho para casa ela viu sua mãe sair para mudar de trem em Reading. Ela não viu nem ouviu a paciente chamar por ela porque a senhora D. não pôde abrir a janela. Percebeu que poderia ter tido o prazer de passear com sua mãe, não tivesse sua onisciência a impedido de telefonar para a prima com quem a mãe estava ficando em Oxford, tão certa que ela estava de que a visita da mãe era para durar mais tempo.

Era evidente, portanto, que a mulher-pássaro no sonho, assim como o pisco-de-peito-ruivo no Canadá, representavam a mãe tentando retomar contato com o bebê bom, que, contudo, estava surdo para a verdade (o algodão para as orelhas?) e dominado pela

propaganda da "irmã mais velha" olhos-de-doninha exploradora-
-mística e sabe-tudo. Teoricamente isto representaria uma incapacidade de efetuar uma clivagem-e-idealização do *self* e do objeto
(Klein, 1932).

Nos meses seguintes uma alteração muito gradual e interessante no comportamento e no humor tomou conta do consultório. O
desprezo indiferente pelo método psicanalítico e o ceticismo rancoroso por sua eficácia, ambos baseados em seu delírio que teve
um *insight* claríssimo e certeza-de-julgamento, se transformaram
em uma cisma pessimista em relação a si mesma e seu caráter. Ela
sentiu profundamente a camada rígida em si mesma e como esta
resistia a ser auxiliada ou ser dependente, e como se apegou de
alguma forma à promessa de excitação perversa, apesar de não
mais colocá-la em ação. Começou a notar qualidades similares entre algumas das pessoas que ela antes admirava e a ver como isto
destruíra seus objetivos construtivos e custara tanto sofrimento às
pessoas a quem ela era afeiçoada. Era de início um julgamento severo sobre si mesma, que teria firmado uma sentença de punição,
mas lentamente atenuou-se se transformando em compaixão e pesar, às vezes até mesmo um pouco de arrependimento, pela dor que
ela infligira sobre outros e sobre si mesma. Ela se sentia como uma
verdadeira mãe "esquizofrenogênica" e se perguntava, no florescimento de seus filhos, quem de fato parecia de alguma forma ter se
beneficiado mais de sua análise do que ela própria. Eu estava impressionado agora em como, sessão após sessão, ela chegava triste
e saía animada. Insistia que isto era somente porque eu a deixava
falar sobre seus filhos e como isto era bom. Ainda que ela pudesse
reconhecer que a alegria tinha algo a ver com o "otimismo tolo" do
analista entrando nela temporariamente. Ela estava até começando a pensar que poderia existir uma beleza que ela não conseguia
enxergar no método. Mas principalmente seus bons sentimentos

aderiram ao analista muito pessoalmente. Era ele que podia suportar os olhos-de-doninha e o desprezo indiferente. Talvez algum dia ela largaria o mistério sobre seu amor e usaria seu coração com confiança. Mas teria de ser muito lentamente; ela não era alguém que se conectava facilmente.

Quase no aniversário do sonho da "mulher-pássaro", outro sonho entreteve a senhora D. e animou o analista, pois nele "um leão jovem se arremessava em seu para-brisa e parecia apenas uma questão de tempo antes dele atravessá-lo. Mas depois ela estava do lado de fora do carro erguendo um gato em seus braços e fechando um portão para impedir que uma criança se perdesse fora do jardim". Era muito claro para ela agora que o delírio que teve um *insight* claríssimo vinha de dentro de seu objeto olhando para fora através de seus olhos e que o mundo, e a análise, pareciam muito diferentes de fora. O leão-seio assustador, como a mulher-pássaro, se tornaram o gato-seio encantador que ela podia agora colocar para dentro de si mesma como a base de sua própria maternidade.

Resumo

Este curto trabalho sobre a psicopatologia do *insight* e do julgamento foi publicado para demonstrar um tipo de distúrbio que pode ser visto como surgindo do funcionamento da fantasia infantil inconsciente de identificação projetiva com os objetos internos, especialmente o seio da mãe e a cabeça, experimentados como a fonte de conhecimento e sabedoria. Os fragmentos do material foram trazidos para ilustrar o funcionamento do mecanismo e num esforço de uma descrição mais extensa de uma análise. Esta última foi utilizada para delinear a relação entre a patologia de caráter da paciente e uma estrutura defensiva que tinha sido montada no segundo ano de vida sob pressão da frustração e do ciúme da nova irmãzinha. Embora em muitos aspectos a qualidade do caráter de severidade e crítica tinha a natureza de uma vingança contra os pais por expulsá-la de uma feliz confusão de identidade com eles, também era uma defesa contra ser pega de forma tão inesperada novamente. Assim, sua pulsão epistemofílica e grande inteligência foram reforçadas por motivos defensivos e também agressivos. Na transferência foi necessário trabalhar com a dissolução da organização narcísica, bem ilustrada no sonho da "mulher-pássaro". A fim de consegui-lo, um problema contratransferencial difícil de tolerar desesperança e humilhação teve de ser enfrentado, focando sobre a magnitude das dificuldades das quais os pais da senhora D. tinham fugido. É difícil ver como pais, não importa quão genuínos, poderiam ter agido de outro modo.

A experiência interna destes dois atos mentais, delírio que teve um *insight* claríssimo e certeza-de-julgamento, parecia sutilmente fazer sombra sobre sua contrapartida saudável, *insight* e julgamento, que é difícil ver como qualquer outra coisa senão uma ampliação do campo de introspecção poderia distingui-los. O respeito pelas leis de evidência, a atenção para a qualidade do raciocínio, a solicitação pela opinião de outros em questões cruciais e outras precauções podem ajudar. Mas estas medidas intelectuais e sociais também têm um preço por desperdiçarem o momento de possível inspiração que parece não ter conexões evidentes, para as quais as leis da lógica não encontram aplicação e que pode parecer ininteligível quando comunicado a outros através de um conselho. E desde que toda criatividade nascente deve ser baseada no aproveitamento destes momentos, o "salto no escuro" de Kierkegaard (1941), chega um momento em que a confiança na própria introspecção, solitária, deve ser experimentada.

Referências

Breuer, J.; Freud, S. (1893-1895). *Studies on hysteria.* (S. E., vol. 2). [Ed. bras.: *Estudos sobre a histeria.* (E. B. S., vol. 2). Rio de Janeiro: Imago, 1996.]

Freud, S. (1918). *From the history of an infantile neurosis.* (S. E., vol. 17). [Ed. bras.: *História de uma neurose infantil.* (E. S. B., vol. 17). Rio de Janeiro: Imago, 1996.]

Kierkegaard, S. (1941). *Fear and trembling.* Princeton: Princeton Univ. Press. [Ed. bras.: *Temor e tremor.* Trad. Carlos Grifo, Maria José Marinho, Adolfo Casais Monteiro. São Paulo: Abril Cultural, 1979.]

Klein, M. (1932). *The psycho-Analysis of children.* London: Hogarth Press. [Ed. Bras.: A psicanálise de crianças. In *Obras completas de Melanie Klein*, vol. 2. Rio de Janeiro: Imago, 1991.]

Klein, M. (1946). Notes on some schizoid mechanisms. In *Developments in Psycho-Analysis.* London: Hogarth Press, 1952. [Ed. bras.: Notas sobre alguns mecanismos esquizoides. In *Obras Completas de Melanie Klein*, vol. 3. Rio de Janeiro, Imago, 1991.]

Meltzer, D. (1967). *The psycho-analytical process.* London: Heinemann. [Ed. bras.: *O processo psicanalítico.* Rio de Janeiro: Imago, 1971.]

Wittgenstein, L. (1953). *Philosophical Investigations.* Oxford: Blackwell. [Ed. bras.: *Investigações filosóficas.* Petrópolis: Vozes, 1996.]

***

Esta descrição, que provavelmente cobre a categoria de pseudomaturidade, se aplica principalmente a pessoas cuja entrada no claustro foi selada no período de latência, quando seus aspectos identificatórios eram adaptáveis, em tantos modos, à escola e às exigências parentais. Mas os distúrbios de personalidade que são construídos ao redor da experiência de vida no claustro e disfarçam profundamente a visão-de-mundo do indivíduo parecem ter origens anteriores e pré-genitais, mas irromperam na puberdade. Do mundo proustiano passamos para o mundo de Oblómov, de Gontcharóv, e Bartleby, de Melville.

Aqui encontramos os bebês grandes e indolentes e a casa de bonecas das menininhas, para quem o valor supremo é a comodidade. Eles são libidinais sem erotismo, curiosos sem interesse, obedientes por inércia e educados sem consideração. O que apreciam lhes parece que o mundo todo ambiciona, um feriado eterno com companhia, mas sem relação, em um mundo lindo sem o perturbador impacto estético. Se eles possuem dinheiro ou um modo sem esforço de ganhá-lo, estão satisfeitos, mas seu ideal é deleitar-se sem nenhuma recriminação ao parasitismo. Eles podem atender às demandas sexuais de um modo passivo e libidinal, e encontrar aceitação social por sua satisfação branda com tudo. As adicções não os iludem nem o problema da hipocondria os incomoda, contanto que estejam confortáveis. As outras pessoas os apreciam, toleram sua inutilidade e ficam satisfeitos em saciá-los, "porque isto lhes dá tanto prazer". Eles dificilmente notam a passagem do tempo e o processo de envelhecimento, e geralmente mantém uma aparência viçosa e juvenil. Elegantes sem serem exigentes, limpos sem serem obsessivos, eles consideram as atividades de banhar-se, vestir-se e arrumar-se, modos de passar o tempo, agradáveis e divertidas. O modo de vida de outras pessoas lhes parece frenético, sem propósito e profundamente desnecessário. Mas eles se enxergam como tolerantes, pessoas que cuidam de sua própria vida, que não inclui nenhuma obrigação de ser útil ao mundo, pois o mundo lhes parece abençoadamente autossustentável. Agradáveis brisas de ambição sopram através deles de tempos em tempos, para escrever, ou pintar, ou viajar, "quando eles têm tempo". Como sua sexualidade é em grande parte pré-genital e indiferenciada, e já que preferem ser tratados como domesticados, eles frequentemente têm uma história bissexual oportunista. Podem até acomodar a perversão, mas sem entusiasmo. Seu ideal é uma pseudointimidade de afeição aparente e tolerância, ao resguardar uma compensação, revezando-se em servir um ao outro. Fica-se inclinado a ficar distante de encontros com tais casais, pensando ironicamente, "Está bom, crianças. Não briguem". Se através desta descrição ácida não nos aproximamos da emoção que tais pessoas despertam, talvez uma pequena piada prove a teoria:

> *Mãe (ao telefone): Sim, querida, é claro que vou – sim, e levo flocos de milho e leite para as crianças – sim, posso levar meu aspirador comigo – posso pegar o homem do conserto no caminho – levarei o carro para ser consertado – é claro que antes vou remover a neve do caminho. É sábado. Por que Paul não faz isso – o que você quer dizer com quem é Paul? Seu marido – o quê? Harry! Que número é esse? Você não é minha filha!*
> *Filha: Isto significa que você não vem?*

Para estes indolentes, meninos e meninas, contudo, todo vento é um furacão. Se ela perde sua bolsa, a pobreza a encara. Se ele tem indigestão após uma grande refeição, o câncer o assoma. Toda separação é um abandono, toda palavra atravessada é o fim do relacionamento. "Você não deveria arrumar um emprego?" é uma grande traição e a risada na mesa ao lado significa que seus sapatos não estão combinando com sua saia. Mas sendo mestres da escotomização, eles raramente notam qualquer coisa que fosse atrapalhar sua complacência.

Em personalidades que o senso de identidade é dominado por uma parte infantil intrusivamente abrigada na cabeça/seio, os dois estados de visão-de-mundo proustiana e oblomoviana frequentemente são vistos oscilando entre si e podem até dar a impressão de uma instabilidade ciclotímica. Mas isto é ilusório, pois a ciclotimia se alterna entre estar dominado por uma identificação intrusiva com um objeto gravemente danificado e depois fugir. Esta imponência está escondida em sua depressão, enquanto a mania celebra sua libertação, um festival de autoindulgência e vitalidade.

A visão-de-mundo repartida parece sempre produzir um interesse obsessivo por outros compartimentos e seus ocupantes. Os moradores da cabeça/seio são, em geral, desdenhosos dos obcecados por sexo no espaço genital e dos tratantes obscenos dentro do reto.

A vida dentro do compartimento genital

Os ocupantes deste espaço são mais evidentemente perturbados e agitados do que aqueles da cabeça/seio, pois eles vivem em um espaço que é dominado por uma crença primitiva erótica. Tão grande é sua semelhança com a comunidade adolescente que algumas dores devem ser tomadas para fazer a distinção. O adolescente é mais parecido em sua configuração com o maníaco-depressivo, quando a casa assumiu uma atmosfera claustrofóbica e os pais se tornaram "velhos", quer dizer, debilitados, detidos, assexuados. A fuga de casa libera uma grande vitalidade baseada em expectativas grandes e uma inteligência, um conhecimento e uma potência superestimados. A comunidade de adolescentes é, claro, obcecada por sexo, mas não é uma crença primitiva, é mais um partido político procurando por um líder.

Esta comunidade adolescente dá cobertura aos seus ocupantes de todos os três compartimentos interiores através de seu hedonismo e sua constante mudança imprevista, mas eles são detectáveis por seu extremismo, por suas qualidades exageradas. Quando encontramos moradores genitais que ainda são crianças, sempre suspeitamos que eles foram usados, se não abusados, por adultos ou crianças mais velhas. E isto se torna quase uma certeza, pois é muito poderosa a sedução do estado erótico da mente e sua preocupação erótica de que os encontros sexuais com pessoas maiores são quase inevitáveis. Eles não conheceram nenhum período de latência e tendem a ser evitados por outras crianças a não ser que seu carisma os permita formar uma gangue, um "clube do sexo" local. Mas geralmente nesta faixa etária eles são um pouco isolados e têm um quarto de masturbação, uma "casa da árvore" em casa ou o banheiro na escola. Os meninos são os artistas grafiteiros que enfeitam os banheiros públicos com representações dos genitais, enquanto as meninas são leitoras de romance e desenhistas contínuas de princesas elegantes com cabelos longos e olhos grandes.

Neste grupo o aspecto identificatório é extravagante em sua masculinidade viril e sua feminilidade oferecida, pois eles tratam seus corpos como decorações da alma a serem sempre mais ornamentados e embelezados. Esta preocupação se origina das qualidades da crença erótica que tem uma convicção absoluta no objeto "irresistível" e no magnetismo animal. Quer seja o desejo ardente o de **ser** o falo irresistível ou o de ter poder absoluto sobre ele, o objeto essencial é o pênis ereto. Tudo isto é exibido livremente e na comunidade adolescente passa não detectado como um distúrbio, pois aqueles "acima do topo" não são evitados como na latência, mas admirados. Mas as ansiedades geradas pela fantasia intrusiva claustrofóbica na forma de medos de doença e gravidez impedem a concentração nos estudos, interferem no sono e configuram todos os tipos de irregularidades na alimentação e obsessões.

Qualquer entendimento desta crença erótica deve vir de uma visão das fantasias inconscientes de masturbação, pois as conscientes são completamente banais e pornográficas. Para entender as qualidades do compartimento interior como visto de dentro, devemos contrastá-lo com a imagem inconsciente do genital da mãe e a relação desta com o pai e seu genital, como construída da observação real e da real relação com os pais. Na realidade psíquica a cama dos pais é um lugar sagrado de rituais misteriosos e reverenciados, nos quais o pai, com seu pênis e seu sêmen, nutre, fertiliza e purifica os órgãos procriadores da mãe através de seus três principais orifícios. Ela é repleta de bebês. O amor e o trabalho aqui alcançam sua máxima integração.

Visto do interior através dos olhos do intruso, é um Mardi Gras,[4] um festival de crença erótica onde a beleza da feminilidade tem o irresistível poder de produzir a ereção que é irresistivelmente fascinante e almejada por todo sentido e orifício. A "Oferenda a Vênus" de Ticiano (museu do Prado)[5] expondo a estátua desta em uma paisagem de *putti*[6] e o "Jardim das Delícias" de Bosch (museu do Prado) retratam esta atmosfera pagã. Pela essência desta visão interna é que a entrada do falo do pai é celebrada e desfrutada voluptuosamente por todos os bebês, enquanto a mãe recebe calmamente esta homenagem. Central para a carga erótica é a desproporção entre a pequenez das crianças e a grandeza do falo. Para desfrutar desta fantasia a menina deve ser diminuta, relativamente imatura, com seios pequenos. O menino, em sua identificação projetiva masculina com o falo deve ser grande, musculoso, poderoso. A insatisfação com o tamanho de seu pênis pouco conta, pois seu corpo inteiro é um falo. O libreto da intrusão que acompanha a música da comunidade adolescente, constante e envolvente, é simples. O falo do pai entra a fim de ser entretido e adorado ao estilo dionisíaco ao ponto de exaustão após os fogos de artifício da ejaculação. O prazer é mútuo, do adorador e do adorado e somente uma fina divisória os separa do sadomasoquismo e da degradação.

Na menina há o prazer adicional de um triunfo edípico secreto: a ereção do pai não é uma resposta à beleza da mãe, mas uma expectativa de encontrá-la (a menina) em seu interior, com seu encanto núbil. No menino o conflito edípico é contornado em favor de ser adorado por um harém de menininhas a quem ele é um mestre. A desproporção do tamanho, adicionada à forte orientação pré-genital, favorece o beijar, a sucção e a masturbação do falo no lugar da relação sexual genital.

Para a comunidade adolescente o bacanal e a orgia podem ser representados em discotecas, concertos de música pop e festas, mas sua real transmissão dentro do sexo em grupo pertence ao erotomaníaco ou ao perverso. Tais distinções ressaltam a falha na formação de símbolos no mundo interno. O falo **como** um fetiche está longe do fetichismo. Embora os aspectos febris dos desejos sexuais do morador-da-caverna genital não o tragam a desaprovação, mas em vez disso, a admiração de seus pares, ele não pode escapar à sensação persistente de ser um intruso no meio da alegria do erotismo adolescente. Não só ele se sente em perigo iminente de ser seduzido para as fronteiras da perversidade, mas a necessidade de encontros múltiplos, transitórios e rápidos se liga a um sentimento essencial de traição, no caso da menina, em seu triunfo edípico secreto sobre a esposa de um amante casual; mas os sentimentos de covardia no menino, em sua evasão da competição, essencialmente edípica, fazem com que esteja sempre em estado de alerta ao alvo fácil e à sensualidade estereotipada. A consequência é a formação, análoga a uma subcomunidade perversa, de uma subcomunidade erotomaníaca e adolescentes, esticando facilmente até os trinta. Através da astuta seleção dos alvos de sedução e de atitudes sexuais decididas, ambos, macho e fêmea, providenciam uma confirmação satisfatória de sua fantasia de irresistibilidade. Será este um homônimo do mundo de Goethe, pelo qual Kierkegaard, e mais tarde Mann, tanto o invejava e o desprezava?

A vida dentro do reto materno

Chegamos finalmente ao coração deste livro, na área da identificação intrusiva que contém a maior potencialidade para sérios distúrbios mentais. Deve ser dito que a descrição anteriormente mencionada da vida dentro da cabeça/seio e do genital produz uma variedade de imaturidade rígida e restrita, não incompatíveis com a adaptação às exigências dos aspectos casuais/contratuais da vida comunitária, embora bastante prejudiciais ao estabelecimento de relações íntimas/familiares. Mas há uma descida perigosamente escorregadia da cabeça até o reto assim como a voluptuosidade leva ao erotismo e ao sadomasoquismo.

Em essência estamos lidando com a região da realidade psíquica onde a atmosfera de sadismo é penetrante e a estrutura hierárquica de tirania e submissão pressagiam violência. Por esta razão, ao contrário dos outros dois compartimentos onde o conforto e o prazer erótico dominam o sistema de valores, no compartimento retal existe apenas um valor: sobrevivência. Embora o sadismo possa variar de intensidade à medida que se move ao longo do espectro a partir do internato até o campo de concentração, a atmosfera de terror nascente é provavelmente um pouco alterada, pois é encontrada a evidência de que o terror sem nome consiste em ser "jogado para fora". Isto será ampliado no capítulo sobre a irrupção da esquizofrenia, mas vale a pena manter em mente que este terror sem nome exponencialmente é ainda pior do que o exílio e o lamento de Caim: é a solidão absoluta em um mundo de objetos bizarros.

Visto de fora do objeto, o reto da mãe interna é construído como o depósito dos detritos engendrado pelos bebês internos e externos que não podem evitar sujar o ninho, por si ou pelos outros. Assume-se que o pai interno e seu genital executem tarefas heroicas de natureza salva-vidas para a mãe e sua ninhada. O conceito de heroico na masculinidade e na sexualidade masculina tem provavelmente suas raízes aqui e tem grande papel nos conceitos eróticos e no comportamento da comunidade adolescente.

Mas vista de dentro, penetrada pela furtividade ou pela violência na masturbação anal ou no assalto anal, é uma região de crença satânica, regida pelo grande pênis fecal, o mundo do "Grande Irmão" (*Big Brother*) de Orwell. É, portanto, um mundo de grupos, ou melhor, tribos, de grupos de pressupostos básicos de Bion; um mundo de pressupostos em vez de pensamento, onde direito significa lei ou precedente, onde ser genuinamente diferente significa ser detectado como um intruso pelo grande "detector judeu". O prisioneiro deste sistema, onde o termo claustrofobia leva o seu significado mais mordaz, tem somente duas escolhas: conformidade externa ou ingressar como tenente do grande líder, o pênis fecal.

De um jeito ou de outro, o resultado é a degradação, não somente, é claro, do comportamento, mas principalmente – sendo menos ambíguo – dos conceitos e da capacidade de pensar como suporte da ação. A verdade é transformada em qualquer coisa que não possa ser refutada; a justiça se torna retaliação mais um incremento; todos os atos de intimidade têm seu significado modificado para técnicas de manipulação ou dissimulação; a lealdade substitui a devoção; a obediência substitui a confiança; a emoção é simulada pela excitação; a culpa e o desejo de punição tomam o lugar do arrependimento. A conclusão de Bion de que o líder natural do grupo de pressupostos básicos é um psicopata esquizoide parece absolutamente verdadeira, e o caminho da degradação induzida pelo contínuo recrutamento à tenência leva nesta direção. Mas a degradação da ética deve já ter alcançado seus fundamentos antes que o prisioneiro esteja pronto para vestir o uniforme e degradar o outro ("não faça isto comigo; faça com ele/ela"). A ideia de medo da morte perdeu seu poder descritivo nesta situação. De fato, a morte é almejada e a ruminação suicida paira como pano de fundo continuamente. É interessante notar que tentativas de suicídio sérias, mas sem êxito, não com pouca frequência produzem a libertação deste claustro e assumem o sabor da conversão religiosa.

Os fatos deste tipo me lembram que nós estamos essencialmente no mundo da adicção, onde o indivíduo entregou sua sobrevivência à mercê de um objeto maligno. De fato, o grande pênis fecal não é um objeto, mas um *self*-objeto, composto de um objeto mau (frustrante, árido) e uma parte fria (LHK negativo) do *self* ao nível de objeto parcial, portanto primitiva. Esta visão tem profunda significância para nossa ideia da condição humana, pois elimina o mal como um conceito intrínseco e o reduz a um conceito comportamental, descritivo. Isto abre uma perspectiva nas possibilidades terapêuticas, pois este grande objeto maligno é potencialmente metabolizável em suas partes componentes do *self* e do objeto, dissolvendo o caráter maligno da combinação. Mas a tarefa terapêutica é difícil, pois este objeto composto é um mestre da confusão e do cinismo, apropriando-se a si próprio da qualidade de pai interno, de heroísmo e proteção. O heroísmo é de particular interesse, pois ele alega ser um herói-da-resistência para a tirania das considerações éticas, por definição, aquele que é crucial, indo muito além da egocentricidade da posição esquizoparanoide. Esta reivindicação é cínica: qualquer limitação colocada sobre um desejo sem a consideração das opiniões, emoções ou bem-estar de outro é uma escravidão. A hipocrisia com a qual isto é declarado é de tirar o fôlego.

Embora o estado mental seja essencialmente uma prisão e nítida na claustrofobia, não é necessariamente desprovido de prazeres e satisfações, deixando de lado a ambiguidade erótica das perversões sexuais de alguns, a viagem dos viciados em droga, os triunfos dos criminosos. Na análise encontramos um tipo estranho de autoidealização que também reivindica ser um herói-da-resistência, mas desta vez da resistência ao sistema tirânico em si. É essencialmente o jogo do agente duplo. Enquanto você parece estar satisfazendo as exigências da tenência parecendo degradar outros, de fato você está os ensinando os males do sistema e – numa escala de lições – mantendo sua resistência à pressão do recrutamento se eles já forem ocupantes do claustro, ou advertindo os forasteiros contra a tentação de entrar. É assustadoramente modelado, através do cinismo, no método psicanalítico e nos cuidados parentais. Apenas os sonhos de franca crueldade com crianças rompem com a teia do uso da língua desonesta, na qual são mestres, pois eles mal podem falar sem ensaio nem virem a uma sessão sem uma agenda. Discutiremos as dificuldades da contratransferência no capítulo sobre problemas técnicos.

Este aspecto do estado mental, a autoidealização, é bem diferente da grandiosidade, da qual encontramos dois tipos diferentes. É claro que aqueles que são recrutados para tenência experimentam uma grandiosidade intensa através do aspecto identificatório da vida dentro do objeto, tanto com o objeto materno que acolhe o pênis fecal e participa masoquisticamente das atrocidades, como com o pênis fecal que governa este submundo. Mas outro tipo de grandiosidade pode ser observado e parece ser uma inversão da sensação de ser um intruso, isto é, uma sensação de ser diferente de todos os outros ocupantes, a exceção. Este estado é preservado por um tipo de descoloração, de invisibilidade social, no qual a mínima conformidade é acompanhada pelo distanciamento da emoção. Esta técnica mosca-na-parede resulta em uma atitude de ficar na plateia dos dramas terríveis da vida além de não poder escapar da excitação de estar à espreita.

Esses anjos caídos que se renderam ao recrutamento são aqueles que sofrem mais, enquanto a maioria busca freneticamente o alívio do desespero. Eles são os mais obstinados pelas ruminações suicidas, os mais propensos a acidentes, aqueles que se expõem à violência e à punição. Ao mesmo tempo, eles manifestam o que só pode ser chamado de uma ambição frenética, porque seu mundo, além de repartido, é absolutamente hierárquico. O conceito de "o topo" é muito concreto para eles e tem o significado de segurança, embora eles saibam muito bem como inquieto o repouso da cabeça que usa a coroa. Por esta razão eles são essencialmente políticos em sua orientação e impiedosos em sua conivência ao poder em qualquer que seja a área que habitam, grande ou pequena, não faz diferença. Como a vida é sentida como sendo essencialmente institucional, "o topo" é "O topo" em qualquer parte. "César ou nada."

É um fato lamentável que estes recrutas venham mesmo para a análise, levados pelo desespero, pesadelos, insônia, exaustão. Eles não vêm com o propósito de lutar contra sua prisão essencial, mas somente contra as consequências emocionais, seus "sintomas", frequentemente psicossomáticos. Quando sua frenética ambição não expressa suficientemente seu aprisionamento, mas é suplementada pela perversidade e pela criminalidade, frequentemente descobre-se que todos os seus poderes de dissimulação foram gastos para construir uma fachada completamente respeitável em sua vida social: cônjuge, filhos, atividades cívicas, apólices de seguro, vestimenta e comportamento meticulosos, tudo como um anteparo tanto para a perversidade quanto para o desespero. Não é de se espantar que os hotéis luxuosos possuem janelas que somente abrem algumas polegadas. Vale a pena salientar de passagem como esta ambição frenética é diferente dos ocupantes-do-reto por sua luta pela fama e, de certo modo, da ambição messiânica dos ocupantes da cabeça/seio.

Umas das características intrigantes desta população, que é notada intensamente na situação analítica, é que eles são assustadores. Eles não precisam ser grandes homens. Mulheres bem pequenas e com aparência frágil podem ser assim, mas é difícil de simular. Como é difícil para uma atriz ser uma Lady Macbeth convincente. Não, é um misterioso carisma que paralisa a oposição. De alguma forma, eles são capazes de produzir uma atmosfera de sequestradores, mesmo se não for possível identificar a identidade do refém. É sempre um de seus entes queridos, em última instância, as crianças.

Notas

1. *Acting in.*
2. *Acting out.*
3. Pequena ave.
4. Mardi Gras é uma festa carnavalesca que ocorre todo ano em Nova Orleans, Estados Unidos. Conhecida por suas máscaras de gesso, colares de contas e paradas com bandas durante todo mês antes do Carnaval, há a "terça-feira gorda" que significa Mardi Gras, em francês.
5. "Oferenda a Vênus" e "Bacanal na Ilha de Andros" foram pintadas para Afonso I d'Este, terceiro duque de Ferrara, e destinavam-se ao *camerino d' alabastro* que o nobre tinha na sua residência dessa cidade. Ticiano recebeu a encomenda da "Oferenda a Vênus" depois da morte do pintor Fra Bartolomeo em 1517, inspirando-se num desenho deste, embora com significativas variações. Na sua pintura aparecem inúmeros cupidos que brincam entre cestos de maçãs num

jardim guardado por uma estátua de Vênus. Esta obra é dita um hino à fertilidade da natureza e uma celebração da iniciação ingênua e traquina nos frenesis do amor.

6. *Putto* (do latim *putus* ou do italiano *puttus*, menino) é um termo que, no campo das artes, se refere a pinturas ou esculturas de um menino nu, geralmente gordinho e representado frequentemente com asas. Derivado da figura do Cupido jovem, simboliza o amor e a pureza. Usado também no plural: *putti*.

6. Problemas técnicos do claustro

Nos capítulos anteriores o interesse central foi nas personalidades nas quais o senso de identidade tornou-se fixado naquela parte infantil que é encontrada em um ocupante do claustro. E é com esta população que surgem os problemas técnicos especiais. Na pessoa normal e na neurótica a entrada na análise pode começar – e geralmente isto ocorre – com uma transferência pré-formada que reuniu suas expectativas a partir da literatura, de filmes, de avaliações de amigos. Em geral ela é ou rigorosamente institucional ou descontroladamente romântica e é posta de lado imediatamente quando o contexto (*setting*) é esclarecido, o método é delineado, a cooperação é solicitada, os primeiros sonhos são interpretados, e os intervalos dos finais de semana começam a ter um impacto. A necessidade de objetos de transferência infantil favorece então a atração gradual destas facetas para o ambiente de análise, a "compilação da transferência". A experiência sugeriu fortemente que a resposta mais satisfatória à questão "por que você procura a análise?"

seria, "Porque eu preciso reunir minhas necessidades pela transferência infantil para que possa haver alguma possibilidade de trabalhar com os conflitos ao invés de atuá-los repetidamente". Talvez seja considerado que estou utilizando a transferência em um sentido restrito quando enfatizo sua característica "infantil" bem como a necessidade de um "objeto", mas em minha compreensão do termo a transferência é derivada da externalização da relação com objetos internos e, portanto, possui a configuração da vida familiar. Ela permanece em oscilação contínua com a organização do narcisismo, isto é, aquelas atividades e alianças das estruturas infantis as quais estão fora da influência direta das figuras parentais e geralmente em oposição aos seus valores.

A transferência pré-formada com pessoas que buscam uma reanálise por conta de um impasse em tentativas anteriores é bem diferente, e leva um longo período para ser abandonada por completo. É baseada nas "particularidades" do analista anterior, como Freud diria, que parecia conceder tal realidade concreta para a transferência que esta não podia ser resolvida. Isto pode ou não envolver situações onde os aspectos essenciais do contexto (*setting*) e da comunicação foram perdidos de vista na confusão de emotividade em ambos os lados.

O que estou prestes a descrever sobre os problemas técnicos com as pessoas cujo **senso de identidade** está fixado no mundo interior é baseado tão absolutamente na contratransferência que, exceto pela exemplificação nos sonhos, teríamos de considerá-lo inteiramente dentro da imaginação do terapeuta. Por esta razão o que se segue ressoará nas experiências clínicas dos leitores como paciente e terapeuta ou parecerá um conto de fadas. Isto dificilmente pode ser exemplificado no trabalho com pacientes adultos e talvez grande parte da convicção por trás desta descrição venha do trabalho com crianças. Meus artigos anteriores, do "Processo psicanalítico" em diante, estão cheios de exemplos e não tentarei repeti-los aqui, já que ou um terapeuta já tratou de crianças e já os presenciou, ou não o fez, e neste caso as descrições não lhe dirão muita coisa.

Em vez de exemplificação, será feita uma tentativa de extrair as qualidades especiais da interação analítica e de descrevê-las de um modo evocativo. As qualidades da vida de fantasia já foram descritas em todos os três compartimentos, e já foi reconhecido que a dificuldade de síntese na mente do analista é um pouco devida a certa mobilidade entre um compartimento e outro. A gravidade do distúrbio na personalidade é mais determinada pela rigidez do que pelo grau de imaturidade da parte abrigada, se a gravidade for medida em termos de incapacidade para relações de intimidade emocional e assim, do potencial para a terapia analítica. Deste modo a personalidade pseudomadura pode provar-se muito mais fixada e resistente à mudança do que, digamos, um adolescente cujo domínio sobre a realidade parece precário. As razões disto serão exploradas. Mas na análise somente a "experiência comprovada" (*the proof-of-the-pudding*) tem a palavra final, e toda falha tem de ser assumida como estando sob a responsabilidade do analista e de nossa ciência – após um século – ainda imatura.

Não parece útil gastar algum tempo discutindo as "razões" que trazem tais pacientes para a análise. Como qualquer outro, eles vêm voluntariamente ou são enviados; eles vêm por conta da vaga ou atormentadora angústia, por conta da curiosidade, da ociosidade, da audácia, dos problemas tomados, do desafio. Isto se torna um pouco diferente após as primeiras poucas sessões. Mas o que os caracteriza todos é a rigidez da transferência pré-formada que emana de sua visão-de-mundo. É isto que devemos tentar suscitar.

Frequentemente, a primeira coisa que atinge o terapeuta é o aparecimento surpreendente da cooperação ao método tal como delineado, pois é tão diferente do que fora esperado com base na desconfiança que os pacientes manifestam na consulta, a hesitação com a qual a oferta de uma tentativa de análise foi aceita, as restrições colocadas à frequência das sessões, alegando tempo limitado, dinheiro, a distância da viagem e outras questões logísticas. Mas não é muito antes que a superficialidade e a docilidade da cooperação fazem sua aparição. Sente-se que eles trazem material, em grande parte, anedótico e anamnésico, os quais pensam interessar ao analista. A emotividade foi filtrada da voz e o vocabulário é caracterizado por um virtuosismo próximo de uma ambiguidade. O analista pensa que ele foi deixado sem uma imagem visual vívida dos eventos e das pessoas, que os nomes são frequentemente substituídos por títulos de relacionamento, de modo que se torna confuso a respeito das pessoas, dos locais, das sequências de tempo. Consequentemente se torna necessário buscar contínuo esclarecimento, o qual o paciente recebe com uma irritabilidade suprimida. Estaremos na presença de uma desordem de pensamento? Tudo isto é verdade ou confabulado para seu deleite ou prazer? Quem se supõe que você é para que esta pessoa esteja disposta a vir, deitar-se em seu divã e ir embora?

Correspondentemente, se alguém trata este material de maneira ordinária, as tentativas para formular ou relacionar eventos externos ao imediatismo da suposta transferência, será jogado para trás por um encontro com uma dissonante elasticidade que parece ser uma mistura de tolerância, negligência e desprezo, "Eu sabia que você diria isso", permanecendo tácito, temporariamente. O material subsequente segue de um modo claramente pré-programado, tendo o paciente pausado educadamente para deixá-lo fazer suas coisas, ou você tendo precisado interrompê-lo em seu monólogo. Logo, por itens soltos, como "Eu estava pensando no carro vindo", torna-se claro que uma agenda está em curso de desdobramento. Mas pior do que isto é quando a música da falsidade começa a ser sintonizada. Isto leva tempo, pois tais pessoas levaram muitos anos praticando a dissimulação exatamente neste assunto a fim de esconder de si mesmas e dos outros, seu estado transgressor.

Se, apesar do burburinho de incipiente irritabilidade, um tanto intimidador, do paciente, o analista persiste na tentativa de definir os dados factuais que o paciente alega transmitir – o que efetivamente foi feito, dito, visto, ouvido –, a impressão que se desenvolve é a de que se está ouvindo um relato jornalístico ao invés de um relato de uma experiência emocional. Os eventos da infância são de particular interesse, visto que se descobre que o paciente não pode distinguir entre memória e boato, mesmo se o relato veio de outros, como do folclore familiar, ou de si mesmo, ou se partiu da história que ele inventou no momento para contar aos amigos, ou de seu diário ou de um dossiê interno de queixas. A impressão que persiste é a de que o paciente não está relembrando um evento, mas recordando uma narrativa de um evento, uma narrativa de validade muito duvidosa.

Igualmente inquietante é a impessoalidade da entrada e da saída do paciente. Ou ele não olha nos olhos de alguém ou tem a terrível capacidade de olhar através de você ou simplesmente atravessá-lo. De forma similar ele parece tomar conta da sala, de sua mobília, do modo de entrada, das qualidades do divã etc. por garantia, sem interesse. Mas isto é desmentido pela frequência com a qual se pode notar itens do ambiente aparecendo nos sonhos, os quais, quando apontados, o paciente nega já ter observado. E é verdade, ele havia visto, mas não notado, não somente a sala e sua mobília, mas você – sua idade, sua calvície, se você usa óculos, se tem barba, se se veste de forma elegante ou repulsiva. Mas se o analista muda o casaco ou o vestido, a cor alterada pode aparecer no traje do paciente no dia seguinte. Qualquer tentativa de investigar isso faz com que o burburinho de irritabilidade aumente uns decibéis. Mas isso é geralmente verdadeiro a respeito de qualquer sugestão sobre o inconsciente ser operativo, afinal, que negação maior da realidade psíquica pode existir do que estarmos vivendo nela?

Finalmente, a ficha cai: você não é um indivíduo, mas um representante de uma instituição particular chamada psicanálise, com sua hierarquia e seus mistérios de Kafka. Uma vez que isto se torna aparente, você sente que o procedimento comum da psicanálise, baseado na escolha e na descrição da transferência, está dificilmente na ordem, pois não existe transferência infantil neste sentido comum. Ao invés disso, o consultório é um cubículo particular em uma instituição particular em um mundo institucionalizado. Ou você pode gradualmente descobrir que ele é um cubículo particular em um dos três compartimentos em uma instituição particular de um mundo institucionalizado e que os outros dois estão em outro lugar. Você pode observar que seu cubículo é uma câmara de tortura, uma estufa de erotismo ou um lugar de paz celestial e descanso. Mas não deixa de ser parte de uma instituição e você está no quadro de funcionários. Somente a sua posição na hierarquia pode se tornar uma questão de grande interesse e preocupação. Mas isto não é uma transferência infantil, apesar da evidência de fascinação.

Tudo isto vincula o paciente à análise e, num certo sentido, "reúne" alguns dos processos de sua vida infantil de um modo que tem um efeito esclarecedor e reformador sobre outros relacionamentos e atividades. Pode parecer que funciona como transferência infantil da variedade seio-latrina, mas carece de urgência, alívio, prazer e da evacuação das ansiedades. Consequentemente a contratransferência permanece um pouco inativa, sentida como existente, mas insólita, apesar dos esforços do analista. Ou talvez por causa dos esforços do analista que não encontram recepção evidente, não suscitam reverberações de emoção evidentes.

Mas enquanto acumulam-se sugestões de melhoria na vida do paciente fora da análise – principalmente por evidência negativa, de fato, e isto parece explicar a vinculação ao procedimento – uma evidência muito positiva de que o paciente está piorando em seu estado mental não é descartada. Neurose de transferência? Receio que não. Meramente uma ampliação da consciência do paciente devido aos esforços persistentes do analista para melhorar a observação e esclarecer a comunicação. Esta última, que possui aspectos tanto léxicos quanto conceituais, é um incômodo especial para o paciente, pois ele está muito mais interessado em uma visão enciclopédica da linguagem, onde sinônimos aparentes são facilmente intercambiáveis, do que num dicionário onde os usos são específicos e os sinônimos cessam de existir. Novos conceitos, por outro lado, já que demandam esforços de imaginação, passam por ele e são tratados como jargão de sua instituição.

Levando em conta tudo isto, eu penso que interpretar a transferência tem um efeito negativo, pois apresenta-se ao paciente não somente o anátema do inconsciente, mas também lhe parece uma insistência pelo analista de intimidade e dependência. Desconhecendo totalmente estes sentimentos ele só pode concluir que o comportamento do analista ou é doutrinário ou uma manifestação de sua solidão e isolamento, enfiado o dia todo em seu monótono consultório, tratando um paciente após o outro por meio de um método duvidoso, um destino amenizado apenas pela quantia de dinheiro que ele é capaz de colher.

Esta visão do analista, da qual podemos obter dicas em momentos de irritação extrema no paciente, dicas que escorregam e são rapidamente negadas, declara a posição com precisão. Diferentemente dos pacientes neuróticos, que na altura de suas emoções edípicas irão visualizar o analista como exercendo o direito do Senhor (*droit de seigneur*), sendo autocrático, tendo uma vida privilegiada, a atitude do ocupante do mundo interior é essencialmente desdenhosa. Pois baseia-se no pressuposto incontestável de que este mundo interno é tudo o que há e de que o analista está tão preso nesta rede quanto está o paciente, mas por alguma razão, algum elitismo especial psicanalítico, julga-se acima ou além de tudo isso. Ele pode detectar, no analista, evidências dos estigmas de todos os três compartimentos, parasitismo elitista, preocupação erótica e certamente sadismo, possivelmente masoquismo.

Essa irritabilidade e esse desprezo velado chamam a atenção. Nada é mais fácil do que tal tentativa de análise se assemelhar a transferência e contratransferência negativas, enquanto simplesmente é uma expressão de dois colegas de trabalho que, mesmo não se gostando cada vez mais, se sentem unidos na realização de uma tarefa. Do ponto de vista do paciente é uma relação puramente contratual e é tarefa do analista fazer uma análise deste exercício. Ele não pode fazê-la se não puder encontrar a criança no paciente, pois a carapaça resiste à intimidade como uma terra incógnita, um mito poético, uma negação da natureza essencialmente solipsista da condição humana.

Este mundo imaginário do interior de um objeto interno – e afinal, tudo é pura imaginação que emprestou forma do mundo externo, como sua mobília, mas é baseada em nada mais do que a onipotência dos processos masturbatórios –, evocado por um ato de conjetura imaginativa pelo analista, permite que ele adote uma posição firme fora do mundo do paciente enquanto mantém uma postura amigável e preocupada nas sessões. É uma posição surpreendentemente poderosa em sua resistência ao efeito irritante da dissimulação, falsidade e desprezo secreto do paciente. Acima de tudo, ela antecipa o julgamento moral, pois esta é uma visão que torna aparente que a pessoa em seu divã é um absoluto estranho que não está revelando sua personalidade, mas somente suas técnicas de adaptação ao mundo claustrofóbico que ela habita. No momento em que um analista consegue reconhecer a qualidade encarcerada e a luta essencial por sobrevivência em uma situação insuportável, ele vê uma criança que perdeu seu caminho, desviou de casa, que até esqueceu as qualidades da casa que ele um dia conheceu, talvez nos casos mais graves, somente o útero.

A experiência eventualmente adiciona outra dimensão a esta tolerância em causa, pois demonstra que o claustro não é de fato um espaço fechado como o sistema delirante, não é, embora imaginário em suas qualidades, cortado da realidade psíquica e, portanto, do mundo externo. Mesmo que a suspeita tenha se capacitado a amadurecer como convicção, ainda antes da experiência clínica, o reconhecimento de tal possibilidade capitou o analista a reconhecer aquilo que poder-se-ia denominar, os aspectos negativos do claustro, isto é, de quais áreas empíricas é cortado, estando a porta sempre tão aberta. Isto já fora mencionado, mas talvez comporte alguma ampliação neste ponto, já que é vital para as demonstrações do analista ao paciente da natureza do mundo em que ele está vivendo.

Os sonhos do paciente estão sempre mostrando este problema: ele está olhando através da janela, falando com alguém pela janela de um trem partindo, em um terminal de aeroporto onde não conhece ninguém, na plateia, olhando as atividades de outros, com companhias que falam uma língua estrangeira etc. O fato essencial é que as relações humanas e o mundo em seus aspectos naturais ou sintéticos não causam impacto algum, exceto pelo distante trovão de ansiedade. Ele tem que continuamente escrever uma história de impacto emocional, baseada em boato e recordações enfraquecidas, que na melhor das hipóteses, induz um estado de excitação simulando emoções. Ele pode "se fazer" rir, chorar, ser sexualmente excitado, confortável, horrorizado, vingativo – todo um conjunto de sentimentos, mas sem autenticidade, convicção. Quando ele mostra estes estados induzidos ele se sente furtivo, fraudulento. Consequentemente, não pode experimentar alguma crença na autenticidade das palavras, da música na exibição de sentimentos de outros. O sofrimento deste estado seria contínuo se não fosse pelo desenvolvimento de poderes de escotomização e uma suposição cínica de que é o mesmo para todos, uma fraude.

Quando o analista pode ver, com seu olho imaginativo, este predicamento e reconhecer – através do brilho da sofisticação e da banalidade – a criança perdida, paciência e tolerância se tornam vibrantes nele e são refletidas em suas palavras, na música de sua voz, no brilho do seu olhar, se o paciente pudesse notar tais aspectos. Quando há um *insight* muito consciente por parte do analista, como o que foi formulado aqui, a paciência e a tolerância permitem-no perseverar, manter o paciente junto a ele, apesar da tempestade acumulada nas pausas de férias. O otimismo a respeito do progresso lento e estável, que foi expresso no Capítulo II do "O processo psicanalítico", ainda parece correto. Mas as armadilhas da rotina do trabalho psicanalítico são igualmente claras. O acúmulo da antipatia e da irritabilidade mútua, ou produz uma interrupção explosiva sobre uma parte ou a outra, ou o paciente se afasta cuidadosamente por motivos logísticos, geralmente uma mudança geográfica construída silenciosamente. Mas um acordo pode ser realizado para adaptação mútua, terminando, quando o paciente relatar progresso suficiente em sua adaptação externa, em uma espécie de idealização mútua, cada qual concedendo ao outro o "Selo de Boa Pessoa". Na pior das hipóteses eles podem estabelecer uma interminável perversão da análise.

Deixando de lado a área do trabalho com pacientes esquizofrênicos, que parece ser puro heroísmo, em relação aos pacientes aqui em discussão, poderia se dizer que estão testando a alma do analista. Não é de admirar que Bion nos adverte a fazer o melhor de um mau trabalho, que ninguém pode ter alguma certeza de qual caminho está seguindo, de qual resultado se sucedeu! Em minha experiência, à medida que o método que estou delineando foi se tornando mais claramente definido e colocado em prática de forma mais consistente, o perigo da mútua adaptação e idealização, da sedução por progressos externos na socialização, foi certamente afastado. Pois o paciente "piora" e não deixa dúvida alguma disso na mente do analista. O perigo de explosão, de um lado ou de outro, é claramente diminuído. Mas o que no paciente – e paralelamente no analista – vai ocupando esse lugar é a crescente convicção de que a análise é um desperdício total, de que o analista está tão aprisionado em seu claustro psicanalítico quanto o paciente, que nem sequer se trata de um "aleijado" guiando um cego, mas uma dupla de filósofos cegos confundindo as pernas de um elefante com um bosque. Nossa capacidade negativa é de fato colocada em teste!

Para este aspecto do que é realmente uma tentativa, realizar uma análise sem a ajuda da necessidade do paciente por objetos de transferência não é uma questão de semanas ou meses, mas anos. A mútua exaustão ameaça à medida que as coisas "pioram". O procedimento técnico, se pudermos chamá-lo assim, exigido por este modo de conjetura imaginativa é basicamente simples. A primeira exigência é a de que o analista reconheça que ele ainda não está presidindo um processo psicanalítico. Isto, penso eu, também precisa ser transmitido ao paciente, mas com uma esperança inquebrável. Infelizmente, isto é extremamente irritante para o paciente, apesar de também mantê-lo à tarefa. Nesta atmosfera o analista se achará restrito ao papel de um tipo de guia em torno do claustro, demonstrando através do comportamento do paciente, de seus sonhos e suas histórias anedóticas, as qualidades do mundo interno de cujo compartimento ele habita, suas ansiedades, manifestas e inconscientes, e seus modos de adaptação, dentro e fora do consultório analítico.

Este método, que é experimentado pelo paciente como inflexível e sádico, deteriorado e invejoso, tem duas direções e duas consequências. Em primeiro lugar, ele é destinado a anular as áreas de autoidealização pela investigação das histórias inventadas, das atitudes cínicas para com os outros, especialmente o analista, e a falsidade dos prazeres da indolência, elitismo, erotomania ou de um herói-da-resistência. Correspondentemente, esta atividade do analista amplia a consciência do paciente de seu estado claustrofóbico, de que ele não está em um estado de mente que é, de fato, universal e que ele não sabe como sair deste. Aqueles que se encontram no reto, especialmente os duplos agentes, começam a sentir a qualidade do pesadelo de suas vidas e não podem mais negar os perigos da atuação deste estado nas relações e atividades de seu mundo externo.

Mas há uma terceira consequência que ocorre apenas lentamente: a suspeita, que cresce e se torna eventualmente (para grande alívio do analista) uma convicção, de que o terapeuta não é um habitante, mas somente um visitante do claustro, uma visita que não é, de modo algum, desprovida do perigo de se tornar um prisioneiro. Isto é visto com muita frequência, em supervisão, como uma capacidade de permanecer com um senso de imunidade a tais riscos do ofício. No entanto, qualquer que seja o alívio do analista, a angústia do paciente aumenta muito porque, com o grande crescimento da convicção de que o analista é um visitante, a significância das pausas analíticas começa a aparecer trazida pelo vento da inveja. E com isto, o conceito de vida familiar começa a assumir alguma substância além da rede de respeitabilidade chata, contratual, burguesa e segura. No momento em que isto começou a acontecer e o paciente começou a notar o analista como um indivíduo, expressando seu pensamento, sentimento e imaginação individuais, os motivos originais para a identificação intrusiva começam a declarar-se. E com isto o mito de masturbação do analista e suas consequências nocivas começam a assumir a realidade psíquica.

Neste ponto do procedimento um processo analítico se inicia e a transferência emerge de seu esconderijo, não somente durante as separações, mas também, nas sessões. As atuações dentro da transferência começam a animar a mortalidade da adaptação social do paciente, sua apatia emocional, sua boçalidade, sua docilidade apaziguadora, seu contentamento não falado. Ataques claros, flerte aberto, demandas por informação e franqueza emocional acendem a sessão. A curiosidade do paciente começa a monitorar o que é observável e vasculhável sobre a história e o meio de vida do analista. A vida real da mente adentrou no consultório.

No entanto, é difícil neste ponto para o analista ter alguma certeza do que ocorreu do ponto de vista estrutural e geográfico. Ele não pode dizer com alguma confiança se a parte abrigada da personalidade emergiu do claustro ou se o senso de identidade e, portanto, o controle da consciência e do comportamento, foi arrancado dela. Os sonhos são bastante equívocos a este respeito, porque eles tendem em ambos os casos a representar o processo infantil de sair, encontrar dor mental, e apressar-se de volta para dentro. As pessoas desta categoria são, ao contrário das normais e neuróticas em quem uma parte abrigada é somente uma complicação, um obstáculo em suas vidas íntimas. Por terem vivido plenamente seu estado mental em sua visão-de-mundo e adaptação a ela, a reação diante da emergência ou mudança de consciência ainda é ambígua. Isto parece ser porque a reação varia de acordo com o compartimento envolvido. Aqueles que estavam na cabeça/seio, tanto os proustianos quanto os oblomovianos, são assaltados por arrependimento pelo tempo de vida que desperdiçaram. Os moradores do compartimento erotomaníaco se sentem maculados e indesejáveis e sentem uma necessidade de uma estada purificadora num convento ou mosteiro de abstinência, um tipo de período de latência. Mas aqueles que viveram no reto se acham num problema depressivo grave, pois eles podem ter causado danos reais no mundo pelas atuações de seu estado mental.

Parte III

7. Saída de dentro do claustro *versus* mudança de consciência

É um problema difícil ser capaz de dizer com alguma clareza o que nós queremos dizer com "entender" nesta ciência da psicanálise, mas certamente há uma dialética. Sou frequentemente relembrado do voo magnífico da imaginação de Newton que produziu o cálculo infinitesimal, pois parece capturar de um modo condensado os processos mentais de diferenciação e integração, declive e área, unidimensional e bidimensional, que, tomados em conjunto, geram o aspecto tridimensional. O processo mental análogo, retirado das abstrações da matemática ou de suas aplicações concretas ao mundo inanimado, deve usar os instrumentos muito menos precisos dos símbolos e sua transformação em palavras. Desejo agora fazer uma diferenciação que parece ultrapassar a imaginação sobre o mundo interior da mãe interna, o claustro, e uma certa classe de fenômenos que parecem merecer os nomes de instabilidade e rigidez. Mas estou cônscio de que estas mesmas denominações se aplicam também às situações nas quais o claustro parece não desempenhar qualquer papel. Como podemos diferenciá-las e como descrever sua distinção?

Admitamos no início que qualquer exercício deste tipo tem puro interesse na organização do pensamento e tem pouco ou nada a ver com os eventos reais do consultório, onde duas mentalidades altamente originais se encontram em apaixonamento e guerra. Mas também se encontram em interesse, tanto por si mesmos quanto pelo outro, e certamente, existem momentos nos quais a intensidade deste interesse mantém unidos a troca amorosa e o combate para iniciar uma combinação verdadeiramente apaixonada. Pode não durar muito tempo cada momento, mas sua qualidade de promoção do crescimento, para ambos, é inequívoca. Provavelmente é mais frequente que haja um rompimento por conta do erro do analista; ele interpreta erradamente, ultrapassa os limites da privacidade, atua em vez de comunicar. Mas em outras vezes a tensão é demais para o paciente e ele recua, o final da sessão chegou, a tensão da incerteza é insuportável, ele experimenta a dor como injustificada ou o prazer como erótico demais.

Geralmente, paciente e analista precisam esperar por sonhos para elucidar a diáspora de emoções, mas, mesmo com tal auxílio do inconsciente, uma certa organização de pensamento desempenha algum papel no entendimento do que está acontecendo. A este respeito, os eventos do consultório não diferem de maneira fundamental das transações de qualquer relação íntima. A recuperação e renovação do momento apaixonado determinam o crescimento e o aprofundamento; a incapacidade de fazê-lo marca o processo de enfraquecimento, visto que as áreas de comunicação tornam-se desligadas e são substituídas por um contrato implícito de evitação.

Parece razoável sugerir que entre a rigidez da evitação e a instabilidade do contato existe possivelmente uma zona intermediária cuja estabilidade consiste essencialmente numa prontidão para tentar novamente.

Esta prontidão deve, suporia eu, implicar uma incerteza mútua das razões do colapso da intimidade e uma prontidão para perdoar, tanto a si mesmo quanto ao outro. Essa prontidão, por sua vez, exige uma atitude sofisticada em relação à dor, que o interesse em seu significado ultrapasse a aversão a sua qualidade sensual, o peso da dor. É difícil imaginar esta capacidade de se igualar nos membros em qualquer momento particular, porém combinados eles podem ser uma totalidade. Neste momento um dos membros deve carregar o fardo do otimismo. Na medida em que a transferência/contratransferência analítica tem uma configuração filho/pai, este papel claramente recai sobre o analista como uma questão de responsabilidade.

Na situação destes pacientes que apresentam um modo de vida no claustro, descrevi tanto sua instabilidade quanto sua rigidez, como eles correm de um compartimento para outro, da imponência para a claustrofobia, e como eles constroem de forma rígida a situação analítica como uma situação institucional. Também tentei sugerir um modo de entender isto como uma transferência pré-formada que não gera em si um processo analítico, indicando que esta diferenciação tem um efeito muito benéfico na estabilidade da análise, que é sua paciência, tolerância, interesse contínuo e esperança. Mas em analisandos normais e neuróticos a situação é mais complexa. Encontramos não somente a rigidez dos processos de clivagem e do controle onipotente, a instabilidade da passagem Ps $\leftrightarrow$ D, mas também a irrupção dos fenômenos identificatórios projetivos, e a consequente perda de contato.

Como eu digo, pode ser apenas um exercício de organização mental para levantar a questão sobre a natureza estrutural da quebra no contato: uma parte da personalidade desapareceu na identificação projetiva ou é o centro de gravidade da identidade e controle da consciência que se deslocou para uma parte que já está abrigada? Na sala de brinquedo a diferenciação é muito recomendada na ação: a criança pode mergulhar de repente em seu esconderijo embaixo da mesa ou do divã, ou ela pode interromper o jogo no qual estava empenhada em construir um esconderijo, quer seja confortável, ou um local de masturbação, ou uma câmara de tortura. A diferença entre continuidade e descontinuidade é claramente significante, esta última indicando a falha do contato entre analista e paciente, implicando uma falha do analista. Quando a continuidade do jogo é preservada, o problema continua sendo distinguir entre a concretude da ação e dramatização para comunicação. Mas, no entanto, parece indicar que um afastamento está sendo representado em vez de uma mudança no estado da mente.

Esta parece ser uma diferenciação significativa. A descontinuidade sugere uma renúncia, um abandono do esforço no relacionamento por parte do paciente e afigura-se colocar o problema nas costas do analista. Ambos representam instabilidade no paciente, mas de dois tipos diferentes, um intrínseco à economia da transferência e o outro, a uma falha no uso adequado da contratransferência.

As descontinuidades são menos facilmente reconhecíveis com pacientes adultos. Eles não podem ser reconhecidos pelo que parece ser uma mudança de sujeito, pois os elos de ligação podem ter sido omitidos de forma elíptica, ou o paciente pode estar comprometido com um circunlóquio que irá eventualmente retornar a sua origem. Penso que só pode ser detectada na contratransferência, sentindo a mudança na atmosfera, a temperatura ou distância, observando uma onda de solidão ou uma sensação de estar sendo esnobado.

Vamos fingir que esta distinção foi feita e que é de significância clínica, não apenas um exercício de organização. Mas o que isto significa? Nós somos jogados de volta para os problemas mais fundamentais em nosso modelo de trabalho da mente, aqueles que lidam com a natureza da consciência e com o senso de identidade. A formulação de Freud, de que a consciência é um órgão para a percepção de qualidades psíquicas, que Bion adotou, pode de fato nos deslocar para a caverna de Platão, mas não é tão simples. Uma vez que abandonamos a ideia da unidade da mente, ela se tornou, no lugar, uma caverna lotada. Talvez haja somente espaço para uma ou duas partes da personalidade por vez se espremer através do portal para onde as sombras na parede se tornam visíveis. Lembro-me de ter viajado por grandes distâncias para visitar Altamira, apenas para ser informado de que o pedido devia ser feito com antecedência, com uma lista de espera de dois anos, e um requisito de algum propósito profissional. Ou talvez o controle do órgão da consciência seja como uma formação de rúgbi. Não só talvez exista um problema de qual parte pega a bola, mas de ser capaz de segurar a bola tempo suficiente para fazer pontos. Afinal de contas, os objetos, externos ou internos, de fato "capturam" nossa atenção ou nós temos de nos concentrar? O que é "distrabilidade"? A formação (do rúgbi) é uma imagem muito convincente!

Em nossa analogia desportiva podemos, é claro, ir numa direção que implicaria mudanças na organização e integração do *self*. Poderíamos mudar, digamos, para o tênis. Duplas, duplas mistas, individuais. Ou para o golfe, partida ou jogo por medalha. Logo descobrimos que precisamos fazer distinções entre jogar com, jogar contra ou jogar por si mesmo. Se o pêndulo balançar muito longe da direção da integração e cooperação, sob a égide das regras do jogo, pode se perder a estabilidade tão benéfica e balançar na direção da rigidez do isolamento, da obsessão.

A conclusão de tais especulações ou exercícios de imaginação sobre o aparelho mental deixa-nos em apuros em qualquer tentativa de visão geral do processo psicanalítico. Talvez com o requinte de nossas sensibilidades contratransferenciais, possamos ser capazes de fazer a distinção momento a momento entre continuidade e descontinuidade, e assim, entre a reentrada no claustro em oposição à mudança de consciência e ao senso de identidade, mas eu duvido que possamos dizer com alguma convicção que uma parte abrigada da personalidade tenha saído. Há uma questão diferente com o sistema delirante do esquizofrênico. Independentemente da natureza satisfatória da remissão, nós sempre podemos observar a evidência de que o sistema ainda está lá, ainda habitado, ainda influenciando o estado da mente, ali na esquina de seu campo de consciência.

Em geral, acho que devemos confiar na evidência, que está longe de ser precisa, talvez uma evidência em grande parte mesmo negativa, isto é, as mudanças na visão-de-mundo do paciente. Pois este me parece ser o núcleo da questão. Poder-se-ia formular como "qual jornal você lê" *versus* "qual você considera ser a prova da natureza do mundo que você habita?". Nós somos, afinal, bombardeados por boatos que declaram que o mundo é artificial e, por isso, sua destruição possível pelo homem é iminente. Alega-se ser um mundo de "novidades", composto de inovações políticas, financeiras, da fofoca, do esporte e do entretenimento. Este apelo à adesão ao grupo de pressupostos básicos, onde o pressuposto é que o homem é a medida de todas as coisas, é também irresistivelmente "realístico" ou manifestamente absurdo e repulsivo, dependendo da relação que se tem com a realidade psíquica. Qualquer um está em um estado de negação da realidade psíquica, pronto para assumir que o senso comum é adequado, que as coisas são somente o que aparentam ser, ou vive dentro de um objeto e naturalmente vê o mundo como um vale de lágrimas e um cárcere; ou vive em uma atmosfera familiar dependente da generosidade e do mistério do mundo natural, que se pode utilizar, abusar ou negligenciar. A única "fé" que é exigida é uma crença absoluta na própria fraqueza, ignorância, impotência e mortalidade, para que se tenha um panorama da beleza-do-mundo e dos sentimentos apaixonados.

8. O papel do claustro na irrupção da esquizofrenia*

Minha experiência clínica através dos anos de trabalho analítico com adultos e crianças, normais, limítrofes e psicóticos, e um amplo componente de supervisão de meu trabalho, resultou na construção de um modelo de mente, baseado principalmente no trabalho de Freud, Abraham, Klein e Bion, no qual a dimensão geográfica de estrutura é bastante central. Os "mundos" nos quais a experiência humana mental se realiza são diversos, pelo menos quatro podem ser enumerados, fundamentalmente: o externo, o interno e o interior dos objetos interno e externo. A isto devemos adicionar, no caso dos fenômenos esquizofrênicos, um quinto mundo que é essencialmente "lugar nenhum", que não tem ligação dinâmica ou estrutural alguma com os outros quatro. Vejo este como o mundo do sistema delirante, enquanto os outros quatro são dimensões da realidade psíquica.

---

* Nota do autor: lido no Simpósio sobre a Psicoterapia da Esquizofrenia, Estocolmo, ago. 1991.

Dado que a personalidade humana nunca é unificada, mas variavelmente desintegrada e despedaçada por processos de clivagem, os problemas teóricos encontrados na abordagem clínica das esquizofrenias podem ser vistos, grosso modo, como três: como se forma o sistema delirante? Como uma parte ou partes da personalidade passam a viver neste mundo chamado "lugar nenhum"? E quais são os fatores que determinam o acesso à consciência do estado mental de tal parte ou tais partes delirantes? Aqui desejo focar a atenção na segunda destas questões, mas para lhe dar consistência substancial é necessário indicar muito brevemente minha abordagem às outras duas.

O sistema delirante é similar à "Imagem que tem o homem de seu mundo" (*Man's picture of his world*), no sentido de Money-Kyrle, algo que é construído aos poucos "aprendendo com a experiência", no sentido bioniano. O sistema delirante é construído aos poucos em paralelo com a construção dos mundos da realidade psíquica. Mas assim como eles são construídos através do sucesso da formação de símbolo e pela introjeção de símbolos recebidos, o sistema delirante se desenvolve a partir da falha na formação de símbolos – o que Bion chamou de "elementos-beta com traços do ego e do superego", os restos da "função-alfa ao contrário". Não direi mais nada a não ser remeter o leitor à descrição de Freud a respeito da reconstrução do mundo de Schreber após a fantasia de fim-de-mundo e à descrição de Milton, em *Paraíso Perdido*, de Satã e sua tropa de anjos caídos construindo o Pandemônio no modelo de Paraíso, mas com materiais infernais.

Em resposta à terceira questão, sobre o acesso à consciência do material delirante, desejo deixar claro que estou usando o termo "consciência" totalmente no sentido de "órgão da percepção de qualidades psíquicas" (Freud), por conseguinte, de "atenção"

(Bion) ou percepção dos fenômenos (Platão). A fragmentação do *self* sendo, em maior ou menor grau, um atributo universal do aparelho mental, o "órgão de atenção" é altamente valorizado e disputado pelas várias partes do *self* por conta de seu acesso direto à mobilidade (Freud), embora não detenha de maneira alguma o monopólio a respeito disso. Os fatores em jogo nesta luta por domínio sobre a mobilidade são uma área ampla e fascinante de estudo, mas é claro, está fora de nossos esforços atuais.

Para retornar ao nosso tópico então – "como uma parte ou partes da personalidade passam a viver neste mundo chamado "lugar nenhum" – temos de dar particular atenção para a quarta área da realidade psíquica: o interior dos objetos internos, o mundo claustrofóbico dos estados psicóticos limítrofes. O conhecimento da fenomenologia do mundo claustrofóbico provém em grande parte do trabalho analítico com uma certa categoria de crianças psicóticas, do surto psicótico na adolescência (frequentemente associado ao abuso de drogas), mas também, surpreendentemente, dos estados iniciais da análise das pessoas chamadas normais e bem adaptadas que vêm para a análise para desenvolvimento profissional de um tipo ou de outro (em quem a clínica de analistas experientes tende a ser abundante). Destas experiências foi concluído que a entrada na identificação projetiva é um fenômeno ubíquo na tenra infância, instituído principalmente durante conflitos sobre processos excretórios e efetuado através das fantasias de atividades de penetração masturbatória, especialmente masturbação anal.

Quando há persistência de uma parte infantil que está vivendo em identificação projetiva com um objeto interno – em geral, a mãe e, geralmente, em um nível de objeto parcial – normalmente apenas produz sintomas de claustrofobia/agorafobia e tendências maníaco-depressivas de caráter; mas quando tal parte da personalidade abrigada obteve o controle do órgão da consciência, acontecem notórias mudanças gerais. Primeiramente, a experiência do mundo externo se torna dominada pela atmosfera claustrofóbica, o que significa que a pessoa, em qualquer situação que se encontrar, se sente presa. Trabalho, casamento, férias, em trens, ônibus ou elevadores, nas relações pessoais ou casuais, em restaurantes ou teatros – em todas as áreas existe uma atmosfera tangível de catástrofe iminente e "Sem Saída" (Sartre). Em segundo lugar, em resposta a esta sensação ameaçadora de catástrofe iminente, a imagem do mundo se torna repartida e estratificada. Os compartimentos, que possuem um sabor fortemente filogenético ou pelo menos, histórico, assemelham-se muito em seu significado às divisões Inferno, Purgatório e Paraíso: no reto, no genital ou dentro do seio ou cabeça da mãe primitiva. Além disso, toda organização é vista como estratificada, hierárquica e, portanto, em um sentido político, quer se trate de família, família por extensão, local de trabalho; quer seja socialmente concreta como uma instituição, ou abstrata, como uma classe ou ocupação. A qualidade claustrofóbica da mente, portanto, gera tanto inquietação para mudar a geografia quanto/ou ambição para subir alguma escada social, real ou não, a uma segurança imaginada no topo.

É essencial que alcancemos a atmosfera social do mundo claustrofóbico para que possamos compreender que este é um "lugar" onde o desenvolvimento da personalidade não é capaz de progredir, e do qual dois tipos de saídas existem, para o mundo das relações de objeto e dos vínculos emocionais ou a expulsão do "lugar nenhum" do sistema delirante. O item principal desta atmosfera social é a simplicidade do sistema de valores, sobrevivência. A sobrevivência tem o significado de evitar a expulsão que parece constituir o maior pavor sem nome da vida mental. Enquanto este sistema unitário de valores de sobrevivência é mais obviamente persecutório no compartimento retal (o "Terror e miséria no Terceiro Reich", de Brecht), também existe no compartimento genital como avidez compulsiva por estimulação sexual, e no compartimento do seio como um tipo de lassitude de "Comedores de Lótus", talvez um pouco correspondente à compreensão de Freud sobre o "princípio do nirvana". Correspondentemente, a atitude geral é intensamente conservadora. Mesmo no reto as coisas sempre poderiam ser piores, mas nunca melhores, exceto pela fuga para um dos dois compartimentos ou pela subida da escada da autoridade tirânica.

A segunda qualidade geral do mundo claustrofóbico é a sensação de ser fraudulento, um intruso, clandestino, sempre em perigo de ser detectado pelos nativos desta região. Mas de fato não há nativos, somente outros intrusos, disfarçando-se. A consequência disso – e terceira característica predominante do meio social – é a impossibilidade de sinceridade nos relacionamentos. Na melhor das hipóteses, pode haver alianças, receosas e desconfiadas. A comunicação, portanto, é reduzida a meias verdades, na melhor das hipóteses, mentiras manipuladoras ou autoconscientes, representações ensaiadas da verdade de uma maneira que pretende ser renegada. A atitude predominante diante da verdade é aquela do delinquente: qualquer coisa que não pode ser contestada deve ser considerada como verdade. Isto, obviamente, gera uma litigiosidade incipiente subjacente.

O resultado destas três implicações predominantes para o ambiente social do mundo claustrofóbico é que as ligações emocionais não podem surgir e são substituídas, de forma simulada, por vários estados de excitação engendrados por "contar de história". Deveria surgir um vínculo emocional, ao invés de ser relegada aos processos oníricos inconscientes e pensada para elucidação de seu significado, uma história imediata, parábola, alegoria ou confabulação, construída de forma a evitar o pensamento. Como resultado, a formação de símbolo autônoma é amortecida e a dependência sobre símbolos recebidos substitui o pensamento onírico e a confabulação consciente substitui o pensamento inconsciente.

Será compreendido, creio eu, que estou falando da qualidade da experiência do mundo para aquela parte da personalidade que vive no claustro. No psicótico limítrofe esta pode parecer ser total, mas como no esquizofrênico, cujo sistema delirante parece total, isto nunca é de fato verdadeiro. Sempre existem partes da personalidade vivendo fora do objeto, o quadro clínico sendo determinado pelo controle da consciência, da atenção e da mobilidade. No paciente neurótico e talvez na maioria das pessoas, geralmente a existência de uma parte infantil ainda habitando o claustro lança sua sombra sobre a "imagem do próprio mundo" da pessoa. O pessimismo, o cinismo e uma crença em soluções políticas são suas marcas.

Como se vê, estou sugerindo que o problema para o qual estou chamando minha própria atenção – "como uma parte ou partes da personalidade passam a viver neste mundo chamado 'lugar nenhum' do sistema delirante" – pode ser elucidado pelo pressuposto, fortemente sugerido pela experiência clínica e pela literatura, de que o portal de entrada encontra-se no território da identificação projetiva. Talvez algum dos três compartimentos no interior do corpo da mãe interna, reto, vagina ou seio/cabeça, pode servir de entrada. Estou deixando de lado o problema da formação do sistema delirante e o enigma do acesso à consciência nesta apresentação, como havia dito. A questão preliminar da dinâmica que acarreta nos estados de identificação projetiva já foi extensivamente investigada e relatada por mim e por outros.

Isto nos leva ao núcleo da questão. Estou pedindo que imagine a condição da parte da personalidade, uma parte necessariamente infantil, estruturalmente falando, em sua vida no claustro. Você terá imediatamente reconhecido uma inquietante semelhança entre a descrição do mundo claustrofóbico e a descrição de Freud da "situação do ego servindo a três senhores" em "O ego e o id". Esta visão pessimista da condição humana, que dá tal credibilidade a conceitos tais como princípio do nirvana ou pulsão de morte, decorre da vida no mundo claustrofóbico da identificação projetiva, não da vida no mundo externo das relações emocionais íntimas e da beleza e generosidade da natureza (com um "n" minúsculo). Mas suporta esta infeliz semelhança com aqueles aspectos da vida do mundo externo de um nível casual ou contratual dos negócios e da política, das instituições e das organizações.

Neste estado infeliz, confrontado com problemas de sobrevivência, desprovido de confiança e relações de intimidade, despojado da capacidade de formação simbólica e, portanto, da habilidade para o pensamento criativo, em perigo constante de ser descoberto como um intruso e indiciado para julgamento e expulsão para "lugar nenhum", a parte abrigada da personalidade deve equilibrar essa miséria com certos prazeres. Estes prazeres são restritos a dois tipos, a frágil grandiosidade que vem do aspecto identificatório da identificação projetiva, e os prazeres delinquentes de "burlar o sistema" e escapar da detecção de ser um intruso. Escapar para compartimentos menos persecutórios ou subir a escada hierárquica da organização dominante são apenas pausas extenuantes e tênues. A documentação literária deste estado é tão convincente quanto a experiência do consultório analítico: Shakespeare, Milton, Coleridge, Strindberg, Kafka, Pinter, Dostoievsky, para citar alguns.

Neste estado infeliz, a memória de dois outros estados anteriores entra como um tormento contínuo do tipo *Paraíso Perdido*: a vida no útero e a vida de relações afetivas íntimas (na origem, aquelas da amamentação), com seu prazer de pensamento e de crescimento através do aprender com a experiência de significado emocional. O mundo claustrofóbico é, de fato, o Vale das Lágrimas e não "O vale da edificação das almas", de Keats.

Afinal, talvez inevitavelmente, o evento temido da detecção do intruso ocorre, o julgamento e a expulsão para o "lugar nenhum" do sistema delirante. A fim de tornar este processo clinicamente vivo, apresentarei uma descrição da experiência de uma terapeuta, senhora Catharine Mack Smith, treinada na Clínica Tavistock, na qual tive a feliz experiência como supervisor, com um menino, Daniel, desde os oito até os treze anos de idade, com uma inesperada retomada de duas sessões após oito anos, com 21 anos de idade.

Tentarei descrever brevemente uma terapia que durou quatro anos, variando de quatro vezes por semana a duas vezes por semana e por vezes, uma vez por semana, dependendo do entusiasmo oscilante da mãe e da escola especial. No início, Daniel se apresentou como um garoto alto e bem constituído, inexpressivo no rosto, rígido nos movimentos, apático na voz e com grandes olhos negros assustadoramente vazios. Aparentemente educado e dócil, seu modo de cooperação era sentar e desenhar figuras simples de pessoas e animais enquanto ele falava das relações, sobretudo concreto, mas ininteligível por causa das transposições contínuas da variação de homens-em-raposas-que-caçam-camundongos. Seu estado mental ficou mais claro durante o primeiro ano por um desenho de uma raposa em seu buraco e um coelho na abertura que ficava lhe dizendo o que estava acontecendo lá fora, mas enganando-o, dizendo tudo errado. A exploração de seu estado de identificação projetiva suscitou evidências de que esta era a natureza de sua dependência servil por seu irmão mais velho e que, desde o início, o método para zombar de Daniel era o de alimentá-lo de informações falsas.

A relação com a terapeuta começou a se desenvolver deste ponto e pareceu alcançar um clima de confidencialidade após o desenho de uma pessoa pescando em um buraco no gelo e pegando um peixe, mas por engano, como se o estivesse enganchando pela cauda. A educabilidade de Daniel na escola aumentou e o comportamento na terapia se tornou muito complexo e variável. Seu irmão agora figurava como seu fantasma (*bête noire*), enquanto uma criança na escola se tornou, correspondentemente, a vítima de chacotas incessantes de Daniel – pelo menos era como sua fala sugeria, enquanto ele oscilava entre raiva do irmão e riso sádico a respeito do colega de escola (uma criança epilética, de fato). A clivagem entre a parte atormentada dentro do objeto e o algoz do lado de fora também era representada pelo comportamento em cima do divã e embaixo do divã. Mas também havia uma posição intermediária, no chão com as pernas embaixo do divã, ocupado em fazer listas de informações retiradas de um atlas, de enciclopédia ou da memória. Um interesse obsessivo por história e geografia surgia. Novamente a informação oscilava entre precisa e grosseiramente distorcida em vários momentos.

À medida que estas situações estruturais eram exploradas e que se sugeria uma implicação da transferência em curiosidade sobre a história da terapeuta e sua geografia interna, atividades masturbatórias, oral, anal e genital apareciam, acompanhadas cada vez mais de preocupações sádicas com guerra, assassinato, abate de animais, e estupro. Uma ambivalência arrebatada apareceu em conexão com pausas de feriados e a pressão sobre a terapeuta levava para a direção de uma ruptura. Mas uma notícia no jornal do assassinato de uma mulher chamada Joy pareceu interromper a capacidade de Daniel de contato emocional.

No ano e meio seguinte a posição obsessiva tomou conta quase completamente, com listas intermináveis, masturbação disfarçada, recusa de resposta à interpretação, deixar a sessão mais cedo, alegação de que ele não tinha nada de interessante para dizer, e finalmente, a demanda pelo fim da terapia. A mãe parecia aliviada, a escola um tanto neutra e a terapeuta, exausta e inconsolável.

Oito anos depois, Daniel reapareceu inesperadamente pedindo uma sessão, aparentemente por sugestão de um psiquiatra que o tinha visto no hospital psiquiátrico local e julgado que o recomeço da terapia era uma possibilidade. Mas Daniel não tinha vindo para tratamento, mas para informar e esclarecer sua antiga terapeuta de que ela poderia ser capaz de ajudar outras crianças onde ela tinha falhado com ele. Ele se apresentava agora como um homem bem alto e constituído, aparentando ser bastante e assustadoramente louco, os grandes olhos negros agora agressivamente encarando e desafiando. A história que ele contou nas duas sessões que solicitara foi como se segue: em certo ponto da terapia ele tinha de vir sob a influência de "seres malignos". Eles o tinham ordenado a manter um diário que não era para ser mostrado nem mencionado a ninguém, especialmente à terapeuta, sob pena de ser julgado e enforcado. Este diário começava a ocupar seu tempo cada vez mais e eventualmente, como ele invadia suas horas na escola, uma professora retirou-o dele rapidamente. Consequentemente, ele foi julgado e enforcado, o que significava também que ele deveria cometer suicídio no dia seguinte. Mas em desespero, ele havia rezado para "O Grande Deus do Mundo Interior", que concordou em poupá-lo. Desde então, ele amava o Grande Deus e era amado por ele.

Isto tudo foi contado na primeira sessão. A segunda foi dedicada ao relato de suas atuais atividades e dificuldades. Ele vivia em casa com sua mãe, seu padrasto falecera e seu irmão se mudara. Periodicamente ele ia ao hospital psiquiátrico quando sua mãe precisava de um descanso dele. Suas principais atividades eram escrever e estudar, visto que ele está escrevendo tanto um romance quanto um estudo sobre a vida social dos lobos. Seu principal problema consiste em surtos de gritos de injúria, em qualquer momento e em qualquer lugar. Esta linguagem abusiva consiste de todas as coisas que ele deveria ter gritado na época, com a idade de treze anos, quando uma garota o humilhou na escola. Ele não especificava o insulto que agora lançava sobre ela.

Além dessas atividades e itens de comportamento, ele tem uma missão na vida (talvez sob as ordens do Grande Deus) de encorajar as mulheres a aprenderem caratê para que elas possam ser capazes de defender a si mesmas de ladrões, invasores e estupradores. (Foi uma característica de seu material durante a análise, quando a masturbação estava em seu auge, que as garotas eram pelo menos tão fortes quanto os garotos, e as mulheres provavelmente mais fortes que os homens.)

Os acontecimentos da terapia durante estes quatro anos, da época em que Daniel tinha quase nove anos até a idade de treze anos, foram penosamente lentos e aborrecidamente repetitivos devido à obsessividade difusa de seu estado pós-autístico. No primeiro ano, no qual ele fez pouco mais do que simples desenhos acompanhados de descrições monótonas nas quais tudo tinha um nome dado errado, ele relatou muito pouco à terapeuta reagiu quase nada à estrutura e às variações da situação analítica. A elucidação de seu estado claustrofóbico através de desenhos de inúmeros animais em buracos no chão, e de sua perseguição pela figura de um irmão mais velho do lado de fora zombando dele com informações erradas, parecia liberar uma parte de sua personalidade para emergir do claustro e entrar em uma relação transferencial infantil com a analista. Mas às vezes a parte que emergia também se tornava o irmão mais velho cruel para a parte que ainda estava lá dentro e a clivagem era representada pelo desenho deitado com suas pernas embaixo do divã e atuada no tormento do menino epilético na escola.

À medida que a educabilidade de Daniel aumentava era ofuscada por sua obsessividade e preocupação com o tempo (história) e geografia (espaço) como dimensões de relação de transferência com o objeto materno. A puberdade o alcançou muito rapidamente, a transferência se tornou cheia de sexualidade pré-genital e genital, com conteúdo predominantemente sádico-anal, com destrutividade perversa voltada para os bebês internos da mãe. Em retrospectiva, de acordo com sua comunicação posterior, aconteceram diversos eventos externos e internos que interromperam a terapia e trouxeram destaque ao sistema delirante: a garota que o humilhou (como?), o aparecimento dos "seres malignos" que o comandavam a manter um diário secreto que gradualmente tomava mais seu tempo, a retirada do diário pela professora que resultou em seu julgamento, enforcamento e na ordem para cometer suicídio, sua oração para o "Deus do Mundo Interno", que o perdoou e quem ele amava desde então. Sua missão delirante grandiosa, provavelmente a serviço de seu Deus, é encorajar toda mulher a aprender caratê para se defender da violência da perversidade masculina, representada em seus ataques de gritos com linguagem abusiva.

Assim, veio a existir o que estimamos ser sua estrutura de personalidade atual: a parte esquizofrênica de sua personalidade, apaixonada pelo "Deus do Mundo Interno", tem uma missão delirante grandiosa; uma parte irmão-mais-velho perversa irrompe em ataques de gritos de injúrias sobre a garota que o havia humilhado e, por extensão, todas as mulheres; uma parte mais evoluída, mas profundamente obsessiva, que está engajada em escrever um romance e um tratado sobre a vida familiar dos lobos. Presume-se que seu amor pelo "Grande Deus" seja feminino, como o de Schreber, e que sua missão é de natureza antimasculina, feminista. Oito anos depois, nós perdemos de vista a parte "irmão menor", ainda lá dentro e sendo atormentada, que era representada pelo garoto epilético.

Ao encerrar este capítulo não posso resistir a ocupar um pouco mais de tempo para contá-los e recomendar a sua atenção a peça mais notável do jovem Harold Pinter. Escrita no início dos anos 1960 quando, juntamente com "O Zelador" ("The Caretaker"), ele estava explorando o mundo da paranoia e da insanidade, "A Festa de Aniversário" ("The Birthday Party") é uma peça sonhada, criada com tal economia e precisão de linguagem que se presta a análise linha por linha de um modo empolgante.

Brevemente, é a história de um jovem, Stanley, que, após dar seu único recital de piano em um salão local, muito despercebido e sem sucesso, refugiou-se numa pensão à beira-mar conduzida por Meg e seu marido. Ali ele vive em uma quitinete (quarto-cozinha), onde é constantemente observado pela solícita e complacente Meg, cujo assunto é limitado a perguntas ansiosas como "Os flocos de milho estão bons esta manhã?". Neste retiro, onde Stanley é o único inquilino, e sua única companhia vem das visitas ocasionais da namorada meio irmã, entram dois pescadores viajantes, apenas para passar a noite, Goldberg e McCann (que parecem representar a Igreja e a Sinagoga em seus aspectos mais políticos). É aniversário de Stanley e este é celebrado por uma festa selvagem durante a qual ele é intimidado, seus óculos esmagados, o tambor que Meg lhe dera é destruído e sua namorada é seduzida por Goldberg (como ela lhe relata na manhã seguinte, "Ele me ensinou coisas que uma garota não devia saber até ter sido casada por três vezes."). A esta hora Stanley tinha sido reduzido a um mutismo cego e levado para ser curado, "Para Monty" (Monte Carlo ou Campo Marshal Montgomery?). Cortina!

Apenas para lembrá-lo, recapitulando: neste capítulo eu me dirigi para o meio de três problemas na elucidação da esquizofrenia: como o sistema delirante surge, como partes da personalidade se tornam alienadas neste "lugar nenhum", e o que determina a capacidade de tal parte alienada para tomar controle do órgão da consciência, e assim de uma grande área do comportamento? A resposta que sugeri e ilustrei talvez seja encontrada com o esclarecimento detalhado do mundo da identificação projetiva dentro do corpo/mente da mãe interna, o "claustro".

9. Acerca da onipresença da identificação projetiva

Quando Melanie Klein descreveu pela primeira vez a fantasia onipotente da identificação projetiva parecia uma fantasia psicótica exótica e rara envolvendo objetos externos e uma profunda alienação do senso de identidade. Quarenta e cinco anos de pesquisa, experiência clínica com crianças e adultos e uma ampla experiência com observação de bebês não somente demonstraram sua função elementar com objetos internos, mas tornaram claro o amplo alcance dos fenômenos, tanto útil para as relações e comunicação como demasiado patológica, que vem em conjunto com esta descrição geral dos processos de identificação narcísica.

A observação do infante, em particular, sugere fortemente sua natureza essencial no período pré-verbal como o mediador entre os estados confusionais do bebê e a capacidade de *rêverie* da mãe e o pensamento onírico inconsciente. Uma visão do processo de desenvolvimento que enfatiza a estrutura do *self* e dos objetos à luz dos processos de clivagem deve necessariamente levar em consideração a irregularidade do desenvolvimento: que as partes do *self* que tem contato com figuras externas são mais suscetíveis de estabelecer relações duradouras com objetos internos e se beneficiar da facilitação, através do pensamento, do aprender com a experiência, que faz partes das experiências emocionais. Mas outras partes da personalidade não desenvolvem esta capacidade de intimidade, devem aprender por outras vias e são forçadas assim, de forma implacável, para a adaptação em vez do desenvolvimento. Destas partes, relativamente distantes ou absolutamente distantes do núcleo da estrutura familiar interna, uma ou outra é talvez deixada para trás a cada passo do desenvolvimento ("passo" é mais apropriado do que "ponto", pois o processo de desenvolvimento, como representado na psicanálise, certamente faz saltos de compreensão e aceitação – a passagem de Wittgenstein "agora posso ir em frente"). A diferenciação clínica sugere que partes podem ser deixadas para trás no útero, produzindo estados de afastamento bem diferentes daqueles fenômenos da identificação projetiva. Claramente, algumas são deixadas para trás no claustro, no qual elas refugiaram-se ou dentro do qual elas penetraram. No capítulo sobre a saída de dentro do claustro a questão do aprisionamento foi investigada: o portal de entrada está realmente fechado para saída?

A tarefa de descrição compreensiva do papel da identificação projetiva no funcionamento da personalidade não pode escapar à complexidade do problema. Em primeiro lugar, há o espectro da maturidade das partes envolvidas, desde neonatos a adolescentes. Em segundo lugar, existe a qualidade das partes, talvez melhor descrita em termos de L, H e K positivos e negativos ou em termos de calor e frio, ou em termos de necessidade de contato em oposição a isolamento. E finalmente há a variação contingente ao compartimento do claustro e à mobilidade de um compartimento ao outro. Todas estas três variáveis são modificadas em sua visibilidade clínica por um quarto fator: o controle do órgão da consciência, atenção.

Provavelmente, nenhuma personalidade individual é simples, pois parece que os processos de clivagem são possivelmente o primeiro passo para se afastar da dor mental. Esta possibilidade foi explorada em "A apreensão do belo", onde foi sugerido que a experiência inicial emocional no recém-nascido é uma poderosa resposta emocional apaixonada à beleza do mundo, modificada apenas pela reciprocidade da mãe nutriz. Se o desenvolvimento da personalidade – como sugerem fortemente os estudos da ecografia do feto – começa no útero e o nascimento é uma experiência emocional, nenhum movimento regressivo seria mais compreensível do que o retorno, em fantasia, ao interior do mais antigo lar. Mas mesmo na mais tenra infância as formas do mundo externo já definiram sua marca nas qualidades fantasiadas de seu mundo interior. Realmente, toda a estrutura complexa do interior da mãe interna leva tempo e experiência para se desenvolver, como encontramos ao seguir a evolução de "Barry" de Doreen Weddell (*Explorations in autism*), mas a percepção destas formas do mundo externo modifica a fantasia inconsciente de uma forma irresistível. (Existe algo como um "animal imaginário" ou apenas um composto de fragmentos de realidade, um objeto bizarro? Leve em consideração a justaposição paradoxal na arte surrealista.)

Dadas estas quatro variáveis – maturidade da(s) parte(s) abrigada(s), sua qualidade, seu(s) compartimento(s) e sua posse do órgão de atenção (e, portanto, do controle do comportamento) – a tarefa de uma descrição abrangente que seria útil no consultório é assustadora. A maturidade e suas qualidades pertencem ao modelo geral da mente e a questão dos compartimentos, em certa medida, já foi circunscrita. Neste capítulo as implicações do controle da consciência e do comportamento e a influência no senso de identidade são nossas tarefas centrais. Dentro deste alcance devem ser incluídos o problema geral da estabilidade e o problema particular da visão-de-mundo.

O problema geral da estabilidade é mais bem ilustrado nos estados mentais transitórios das crianças muito pequenas e dos adolescentes. A extensão dos processos de clivagem é claramente visível nestes grupos etários e é visto como sendo totalmente dependente em ambos, das circunstâncias externas e dos estados fisiológicos. A fome, a sede, o frio ou o calor, a dor física ou o desconforto, e o clima interpessoal produzem amplas mudanças no estado mental. O humor, as variações na irritabilidade, a resposta emocional e atividades da fantasia e do pensamento podem ser vistos como variando em grupos cuja urgência parece ser bem separada da história do indivíduo e de suas relações. A falta de continuidade e, portanto, de responsabilidade, de cada estado em relação às consequências do outro, os marca como separados um do outro pelos processos de clivagem. No adolescente, o confronto com tanta responsabilidade produz um senso de injustiça do tipo "guardião do irmão" que deflete totalmente pais e professores. "Eu esqueci" é dado como um álibi absoluto e "Eu não me lembro", como prova decisiva de que o criminoso errado foi preso. A impressão de que o princípio do prazer destitui os valores esquizoparanoides e depressivos não é errônea e parece ser o fator principal para esta instabilidade, colocando os adultos responsáveis efetivamente numa posição de prontidão, que, em geral, tendem a aceitar com mais ou menos paciência.

Mas em crianças no período de latência e adultos uma estabilidade maior é evidente e a aparência de instabilidade abrange mais as flutuações constantes das posições esquizoparanoide e depressiva, com um sentido mantido de continuidade e responsabilidade, no entanto, invejoso. Quando uma instabilidade maior reflete os processos de clivagem, vemos a imagem-de-mundo mudando marcadamente de estado para estado. Consequentemente é inevitável a aparição de configurações claustrofóbicas. As ansiedades noturnas da criança pequena e a atitude do adolescente em relação à família são manifestações marcantes. Parece provável, a partir das evidências clínicas, que a qualidade do sono e do sonhar tem particular importância na determinação do estado de vigília do tipo claustrofóbico. O ir dormir em forma de câmara masturbatória parece promover um sono-dentro-do-objeto e produz dificuldades no despertar e um estado de confusão por algum período, "até eu fazer a barba" ou "ter tomado meu café". O sonhar característico do estado claustrofóbico será descrito em um capítulo independente.

Infelizmente existem dois tipos claramente distintos de estabilidade que devem nos interessar aqui: a estabilidade da pessoa normal e bem adaptada capaz de fazer e aprofundar suas relações íntimas e perseguir seus interesses emocionais; e a estabilidade do psicótico limítrofe. Este último também merece um capítulo próprio, porque a situação transferencial apresentada na análise e os requisitos técnicos são de interesse fundamental para este livro. Mas é necessário prestar alguma atenção à influência sobre a pessoa "normal" – nas quais podemos incluir a maioria das pessoas não psicóticas – da existência de uma parte infantil vivendo dentro de um objeto interno.

Foi demonstrado no capítulo sobre os compartimentos que as qualidades formais das diferentes áreas do claustro derivam da organização social do mundo externo. Do que estes compartimentos necessitam em particular é a atmosfera da vida familiar e, portanto, de uma clara diferenciação entre adultos e crianças no que diz respeito às capacidades, prerrogativas, responsabilidades e experiência. Estas dimensões são completamente substituídas pela hierarquia. No mundo externo, fora da vida familiar, onde a hierarquia existe (o que é quase universal), um certo grau de modificação de privilégio por conhecimento, experiência, habilidade pode ser visto operando onde as tarefas são reais, quantificáveis, concretas. Desde que a tarefa seja organizacional, abstrata ou ética, o julgamento tem de lutar uma batalha perdida contra a posição (*status*); a tirania e a submissão ganham o terreno. O grupo de trabalho, que felizmente continua a existir mesmo sob as mais selvagens circunstâncias, é forçado a ser enterrado, para a informalidade e a organização intuitiva.

Porque os compartimentos do claustro possuem fronteiras mais ou menos claramente definidas e atmosferas e preocupações marcadamente diferentes, uma das influências mais nítidas lançada sobre a visão-de-mundo de uma pessoa por uma parte que vive em identificação projetiva é a tendência a enxergar o mundo externo como semelhantemente bem demarcado. Este limite pode ser dividido entre mundos de criminalidade, de perversão, de pobreza e de doença; o mundo da sexualidade e da procriação (não incluindo a vida familiar, mas como uma estatística); e o mundo da riqueza, do ócio, da segurança e do prazer sensual, não sexual. Estamos lidando aqui com atitudes, muitas vezes conscientes, mais frequentemente inconscientes e variavelmente negadas. A divisão de nossos jornais e as distinções entre "notícias" – jornais e tabloides contam a história de forma convincente. Todos os nossos preconceitos pertencem a esta categoria – de cor, religião, grupos étnicos, áreas geográficas, profissões, atitudes políticas; nossa escolha de onde morar, para quais escolas enviar nossos filhos, nossas escolhas de férias, entretenimentos, leitura, escolha de roupa, automóvel, cônjuge.

Mas dizer que nossos preconceitos pertencem a esta categoria é dizer apenas que preconceitos são atitudes baseadas na experiência e pensamento, mas que correspondem a valores infantis que foram adotadas em segunda mão, tomadas daqueles que consideramos acima de nós no sistema hierárquico, pré-julgamentos, tanto a favor quanto contra outras pessoas, animais, vegetais, deuses e fenômenos. Interpretar todos os preconceitos em termos de estados de identificação projetiva não significa que o conteúdo do preconceito é determinado pelas qualidades do mundo interno, mas que o grau de convicção – a urgência e a nitidez das distinções – é influenciado dessa forma. Outro jeito de colocar isto seria dizer que a seriedade com que recebemos nossos julgamentos desconsiderados e o grau com que estão autorizados a influenciar em nossas ações no mundo derivam de partes que vivem em identificação projetiva.

Talvez para esclarecer este ponto poderíamos examinar os aspectos léxicos do preconceito, das atitudes não examinadas, dos valores que frequentemente não são notados. Podemos elaborar uma lista dos advérbios não pensados e não observados: claramente, obviamente, evidentemente, nitidamente, naturalmente, nós achamos, de que outra forma, o que você esperava, como eu sempre digo, onde há fumaça, não como nós etc. etc. etc. "Todo mundo" pensa, sabe, acredita, tem certeza. Observação e pensamento não podem alcançar estes termos, não podem fechar seus livros para uma evidência a mais, devem sempre agir de forma hesitante, prontos para se retratar, se arrepender. As razões para isto são sugeridas fortemente pelos achados da psicanálise: de que somente uma pequena parcela do que nós observamos é notada conscientemente, e somente uma parcela minúscula das operações dos processos mentais inconscientes pode se tornar visível para nosso órgão de atenção. Gostemos ou não, e com nossa grande ânsia por autocontrole é difícil gostar, nós devemos operar na confiança nestes mecanismos internos, alertas aos atos falhos de pensamento e atitude, bem como de ação.

Em nossas relações íntimas nós, de fato, exercitamos esta vigilância e notamos os atos falhos que prejudicam nossos entes queridos, impedem nosso interesse apaixonado e nos levam a um impasse aparentemente paradoxal. Mas em nossa vida de adaptação, num mundo de relações e interesses casuais e contratuais, não somos movidos dessa forma pela observação e pensamento. Somos obrigados a agir dentro de uma hierarquia e outra, somos forçados a aceitar membros em vários grupos, sujeitos a uma grande pressão para se conformar à ordem da tirania e submissão, alertas somente quando aquilo que é exigido é claramente aviltante para as pessoas de nossa intimidade. Nós somos tentados a nos render à degradação enquanto mantemos escondidas tais ações daqueles que amamos, a menos que a consciência de nossas figuras internas se oponha a tais dispositivos. Todo objeto de amor se torna um refém do destino, quando "tudo ameaça a mente que eu amo"; o problema de César e de Cristo, dos dois reinos de Lutero, é sempre conosco.

Então qual é o significado de dizer que devemos resistir a levar muito a sério nossas atitudes experimentadas e impensadas? Primeiramente, nós devemos resistir a ter uma visão-de-mundo, a tentação para aquela grande generalização que vai tão infinitamente além de nossas verdadeiras experiências de eventos limitados, que nós podemos de fato observar e permitir nossas mentes digerirem em pensamento. Nós nos tornamos conscientes disso em viagens ao exterior, quando, sem falar de fato a língua, apenas vendo a cultura em exposição para seu comércio turístico, mesmo que trabalhemos no estrangeiro, é levada até nós. Viajar é expandir, na medida em que nos mostra como conhecemos pouco do mundo e da nossa própria cultura, quando notamos diferenças, isto nos faz prestar atenção ao que passou despercebido e foi dado como certo em casa.

Em segundo lugar, deve ser possível evitar a tendência a segmentar nossos próprios processos de vida de um jeito que parece nos transformar em pessoas diferentes em circunstâncias diferentes, vestindo com seriedade as roupas que correspondem ao trabalho, ao ócio, ou à comunidade sexual. A propaganda é terrível – nos lança para longe de casa para ter umas férias; como exibição de nossa condição laboral através de uma casa, carro, roupas e formas de comportamento; em mantermos a forma a fim de ostentar a nossa proeza e satisfação sexual. A atitude separada em fragmentos seria claramente claustrofóbica se não dissiparmos este aspecto do problema correndo de compartimento a compartimento. E além deste aspecto frenético do claustro, colorindo nossas vidas com este nível infantil inconsciente, é a consequência hipocondríaca do aspecto identificatório da identificação projetiva sobre a qual o barulho constante da propaganda de saúde é continuamente direcionado pela mídia e pelas empresas farmacêuticas.

Destituídos do valor ilusório de correr de um compartimento para outro e da atenção que somos pressionados a destinar à condição social, o nível de prosperidade econômica tem muito pouco valor essencial, assim como a alteração de fatores econômicos em nossas vidas não causa muita ansiedade. É bastante evidente que tais flutuações são de nível nacional, às vezes mundial, e totalmente impessoais, pouco compreendidas e estão além de um controle significativo. Claramente o melhor sistema político é aquele com menos poder de impor-se sobre o indivíduo e intrometer-se nas vidas privadas e íntimas de seus cidadãos. O ideal socrático do homem justo, que sabe qual é seu negócio e se dedica a ele, nos limita à atividade à pequena área da observação e experiência pessoais.

Além disto, é tudo rumor. O trabalho que fazemos no mundo é, verdadeiramente, parte de nosso negócio, mas nós podemos evitar a visão do sapateiro de que a felicidade do mundo depende de todos terem bons sapatos. Se tivermos sorte suficiente de ter trabalhos que capturam nosso interesse apaixonado, somos sortudos, pois qualquer exame profundo de como alcançamos tais posições logo revela a cegueira com que tropeçamos nelas na ingenuidade e inexperiência da juventude.

Mas a influência exercida sobre nossas atitudes e interesses por uma parte infantil saída da identificação projetiva corre absolutamente contra ocupar-nos somente de nossos próprios assuntos. A visão-de-mundo repartida estabelece um interesse obsessivo pelos "outros", particularmente aqueles que supomos viver em compartimentos diferentes do nosso: o rico, o aristocrático, o poderoso, o belo, o famoso, o moribundo, o criminoso, o pervertido. A animosidade libidinosa de tais preocupações típicas internas, evidentemente, é ricamente servida. Quando a mobilidade de um compartimento para outro de uma parte abrigada é limitada, a ânsia é acompanhada por uma idealização destes "outros" – a "liberdade" daqueles que estão na sarjeta, a lascividade daqueles na comunidade erótica, o parasitismo indolente dos aristocratas/intelectuais.

Assim como certos aspectos da educação parecem favorecer uma personalidade fronteiriça do tipo interno – riqueza, beleza, em particular, a aristocracia – também existem circunstâncias da vida cotidiana que são reveladas pelos sonhos como exercendo uma tendência para o estado da mente mudar para o modo projetivo, afetando o humor, as atitudes e a vida impulsiva naquele momento: grupos dos quais o indivíduo não é um membro desejado, falhas dos serviços públicos, situações em que o indivíduo se acha um intruso, um escopofílico não intencional ou tentado a se apropriar de itens de valor monetário. Qualquer situação em que o indivíduo é ou se sente "classificado" por uma burocracia invisível gera um senso de elitismo ou de degradação, mexe com sua estabilidade. Qualquer evento que parece ameaçar a ilusão de segurança do indivíduo empurra-o para o claustro. Porque a capacidade de observação e pensamento é imediatamente reduzida por tal mudança no senso de identidade, o impulso de agir é muito exigente. Quando a ação imediata é impedida pela circunstância, a alternativa é dominar a emoção inventando uma história sobre a situação com vistas a uma futura investigação. Isto não só dificulta mais o pensamento, mas, embalando o evento num significado artificial, na realidade evita que a experiência seja digerida em pensamento no inconsciente. Selando o evento em forma linguística, substitui-se a recordação através dos processos criativos de memória.

Em síntese, a experiência psicanalítica com crianças e adultos sugere fortemente que a existência de uma ou outra parte infantil vivendo ou em identificação projetiva ou facilmente motivada a entrar no claustro dos objetos internos é bastante onipotente. Toda análise começa com material abundante referido ao esgoto, ao encontro erótico ou êxtase parasitário, logo que a transferência pré--formada se dissipou de modo que algum grau de intimidade pode ser permitido.

10. Sintomatologia *versus* caracterologia – o processo psicanalítico

A visão do processo psicanalítico que tenho utilizado e sobre a qual tenho escrito estes anos todos é aquela que salienta a resolução dos estados confusionais como prelúdio necessário para o limiar da posição depressiva. Dos muitos tipos de confusão que podem ter um nome para propósitos descritivos, todos podem ser classificados, para propósitos teóricos, sob os títulos de geográficos ou de confusões zonais. Isto tem não somente a vantagem de ordenação, uma vez que as variações descritivas são bastante ilimitadas, mas também tem uma certa utilidade no consultório. Por exemplo, a observação de confusões boas/más como resultado de clivagem--e-idealização inadequada tem um apelo imaginativo, mas não se presta facilmente a exemplificação clínica; por outro lado, definir como uma confusão zonal, por exemplo, fezes confundidas com pênis, ou como uma consequência da identificação projetiva, uma parte má do *self* que penetrou dentro do pênis paterno, encontra compreensão nos sonhos ou na brincadeira de crianças.

Com o advento do limiar da posição depressiva, o verdadeiro complexo de Édipo genital faz sua aparição na cena central pela primeira vez, tendo sido tão misturado com elementos pré-genitais que a luta em direção a aceitação do objeto combinado e da privacidade sacrossanta do quarto nupcial não pôde ainda tomar forma na realidade psíquica. As razões para isto não residiram somente nos vários estados confusionais do *self*, mas também no estado dos objetos internos próprios da clivagem entre qualidades boas e más, como por exemplo, da cabeça e das nádegas do objeto materno, e por sua contaminação pelas identificações projetivas pela clivagem de partes do *self*. Tanto a integração aperfeiçoada dos pais internos quanto sua clarificação, ou reabilitação, pela retirada das intrusões, são produtos do trabalho analítico direto, isto é, do processo da transferência/contratransferência.

Sob este modelo os fenômenos do consultório com pacientes limítrofes apresentam o período prolongado da transferência institucional pré-formada que já foi descrita, enquanto o paciente maníaco-depressivo apresenta uma oscilação entre estados fragmentários e o intervalo obsessivo descrito por Abraham, no qual uma verdadeira transferência familiar acontece. Em tais pacientes a luta com o que foi chamado formalmente de identificação projetiva maciça, mas que estou agora mais inclinado a ver como um problema de controle sobre a atenção e o órgão da consciência, é de longa duração e problemática em seu resultado. Com pacientes normais e neuróticos o trabalho inicial com a confusão geográfica é de duração relativamente curta e estabelece a diferenciação entre analisando e analista no que diz respeito às funções, prerrogativas e expectativas. Isto é visto de forma mais clara com crianças, mas atuação comparável na transferência não é difícil de caracterizar nos pacientes adultos também. É no período de preparação para a entrada na posição depressiva que o corpo principal do trabalho analítico toma lugar. É um processo de crescimento que não é, de modo algum, levado à interrupção pelo advento da entrada nem do término da análise, mas é, de fato, de vida longa. Isto suporta algum tratamento separado aqui, pois é uma fonte de uma considerável confusão, nas mentes tanto dos pacientes quanto dos analistas, no tocante à natureza e aos objetivos do processo analítico.

Uma vez que a situação analítica foi estabelecida, primeiro pelo acúmulo de transferência familiar infantil para dar continuidade, durante o período no qual também a frequência necessária de sessões pode ser determinada, e a diferenciação da identidade, prerrogativas e expectativas do analisando e do analista foram suficientemente estabelecidas de forma que a atuação na transferência deu lugar, pelo menos de forma parcial, à cooperação e à comunicação, o panorama da metapsicologia ampliada do paciente começa a ficar fora de vista. Devido aos processos de clivagem certas áreas da transferência infantil e modos de relação podem permanecer atuadas fora das sessões e somente ser reveladas de forma anedótica ou em sonhos, mas, no entanto, o caráter do analisando e o caráter do analista começam a se misturar e se chocar. O ritmo das separações traz um ritmo correspondente de atuações dentro da análise (*acting in*) e fora da análise (*acting out*), alternando-se com a comunicação, a intimidade, a confidencialidade, a crítica. A máxima de Freud de que a neurose é transformada em uma neurose de transferência parece apenas parcialmente verdadeira porque estes aspectos do caráter que derivam das configurações e conflitos infantis continuam se manifestando em todas as áreas da vida do analisando, não apenas na análise.

O cenário que emerge gradualmente com pacientes adultos apresenta uma homogeneidade enganosa da qual emana uma atmosfera particular com um sabor próprio – um colorido idiossincrático, fazendo uma analogia. Ele desafia a descrição, não pode ser dissecado em seus componentes, pois suas qualidades culturais e individuais, seus atributos adultos e infantis se misturam. Como no primeiro ato de "Uncle Vanya", é difícil imaginar qualquer coisa acontecendo neste estado túrgido. Mas gradualmente as personagens dramáticas da história do analisando, sua situação de vida atual, as expectativas do futuro, e as figuras de seu mundo interno comparado ao externo, começam a se pronunciar. As áreas de confusão e de conflito começam a fazer faíscas no consultório e os sonhos, a pormenorizar tais faíscas de emotividade. As dores e os prazeres da vida começam a aparecer como experiências na análise ao invés de meras considerações ou dramatizações das alegrias e dos medos.

Uma vez que isto começou, duas coisas se tornam evidentes: que a sintomatologia psicológica é na realidade parte do caráter, em larga escala e particularizado, enquanto os estados psicossomáticos destacam-se como totalmente não integrados à vida mental. Dificilmente se pode definir as tensões ou as experiências emocionais que parecem exacerbá-los ou amenizá-los. Assim que o analista começa a ser capaz de ver que os sintomas psicológicos são manifestações particulares do caráter geral, ele também começa a discernir como a atmosfera, o sabor, o colorido são compostos. Pela alternância entre as atuações dentro e fora da análise e os períodos de cooperação e comunicação (geralmente no meio da semana), começa a dissecar os componentes adultos dos infantis.

Durante este período o analista pode interpretar, principalmente pelas evidências negativas, que os processos de vida do paciente fora da análise começaram a melhorar, de modo que os episódios de atuações, que dilaceram a calma relativa de sua vida, se tornem aparentes para o analisando tanto quanto o são para o analista. O papel desempenhado pelas qualidades de outras pessoas pode obscurecer o cenário temporariamente, mas quando uma atuação genuína está envolvida, não somente o incidente particular pode ser relacionado com a evolução da transferência, mas a provocação pode ser vista geralmente repousando sobre o paciente. Claramente o analista não pode definir qualquer caso de distúrbio como uma atuação a menos que ele possa enxergar sua relevância para a situação atual de transferência/contratransferência. Gradualmente ele se torna capaz de reconhecer a origem da atuação e pode ajudar o paciente a evitar tais eventos, principalmente tornando-se familiar à alteração da irritabilidade e à resistência à sinceridade no consultório.

Nesta parte, o corpo do processo analítico, à medida que se reconhecem as confusões zonais e suas separações pelo pensamento e a imaginação do paciente – às vezes iluminados pela interpretação do analista sobre as provas da transferência – verdadeiramente avança, a descrição das partes do *self* se torna possível. Este não é apenas o resultado do acúmulo de provas, mas também, por conta da mistura, o grupo interno e a formação da gangue, começam a se romper. A individualidade das diferentes partes afirma-se e se torna conhecida. De modo geral elas podem ser particularizadas aqui, mas em cada análise elas derivam suas identidades separadas de suas representações – em sonhos e em ações – mais coloridas e, em um certo sentido, mais poéticas. Dependendo da extensão da fragmentação da personalidade devido aos processos de clivagem, estas partes são reconhecíveis em termos de sexo, da primazia da zona erógena, da faixa etária, do grau de adesão aos objetos bons contra a alienação narcísica, pela geografia de seu espaço de vida (com respeito ao modelo particular de mente em uso).

O analista agora está em posição de apreciar a singularidade do paciente como indivíduo e a futilidade da classificação. É claro que é o que torna toda análise tão diferente e o começo de cada uma, tão assustador. Nós, paciente e analista, temos agora a oportunidade de reconhecer os elementos que contribuem para a estabilidade, a instabilidade, a rigidez, para a força, a fraqueza ou a brutalidade, para o descuido ou precisão na observação e pensamento, para o isolamento, a sociabilidade ou o carisma. Riqueza ou pobreza da personalidade, no entanto, parecem decorrer das qualidades dos objetos internos, assim como o sistema predominante de valores. Deveria ser lembrado que enquanto a delimitação dos sistemas esquizoparanoide e depressivo possui uma implicação global no diferencial dos valores, egocentricidade *versus* amor e preocupação em relação ao objeto, dentro da posição depressiva existe, talvez, um alcance ilimitado para a evolução ética. Os valores éticos mutáveis de Deus no Velho e no Novo Testamentos testemunham esta possibilidade evolutiva.

É neste momento da análise, quando a clivagem do *self* se torna delineada e os processos de integração são postos em ação pela evolução da transferência/contratransferência, que o analista pode começar a ver como as partes infantis, que ou estão abrigadas dentro dos objetos interno ou têm fácil acesso a eles sob pressão, particularmente da separação, lançam sua influência sobre o caráter do analisando. Aqui o aspecto do nosso modelo de mente que descreve os compartimentos dentro do interior do objeto materno interno ajuda muito a fazer um quadro organizado de uma situação altamente complicada. Ao contrário do paciente limítrofe, cuja visão-de-mundo emerge com uma clareza chocante de suas qualidades proustianas, oblomovianas, erotomaníacas ou atrás-das-linhas-inimigas, no normal e no neurótico não emerge tal quadro rigidamente claustrofóbico. Em vez disso, encontramos tendências, e uma explosão ocasional do mundo claustrofóbico nos momentos de atuação (*acting out*). Eles emergem agora como aspectos da transferência infantil – o elitismo, o parasitismo e indolência, a transferência erotomaníaca – tanto quanto sentimentos de perseguição e aprisionamento pelo método analítico, a comunidade e a pessoa do analista. Mas desta vez, estas tendências e explosões são contidas tanto pelo forte crescimento da transferência positiva quanto a participação enriquecida o trabalho analítico pela parte adulta da personalidade.

Os aspectos identificatórios da identificação intrusiva, o senso de elitismo, riqueza, atração sexual poderosa e intelecto superior, mostram-se variavelmente como tendências de caráter. Mas eles também revelam, em sua base identificatória, aspectos dos objetos internos que foram alterados e, de certo modo, danificados pela intrusão. Isto se reflete muito claramente na transferência e é eventualmente revelado com alguma franqueza à medida que a cooperação adulta e a sinceridade melhoram. O analista começa a ser autorizado a saber muitas coisas que o paciente tem observado, ouvido secretamente, lido sobre e tem suspeitado fazer parte do caráter do analista e seu modo de vida que foi inicialmente guardado em segredo. Pois afinal, a maioria das suspeitas ou desconfianças do paciente tem mais do que um grão de verdade. É naturalmente útil fazer uma clara distinção entre o que é conhecimento público e o que é privado. Mas mais importante, o analista é obrigado em sua investigação pelo paciente a entender que isto é parte do processo de diferenciação das figuras externas e internas e, portanto, está a serviço de distinguir o analista como pessoas das figuras da transferência com as quais ele está investido.

De várias maneiras esta interrogação, baseada em um aumento da honestidade do paciente, é também uma manifestação de maior, não menor, confiança e parece frequentemente um prelúdio para uma revelação de importantes áreas secretas na vida e nos hábitos do paciente, particularmente aqueles relacionados ao compartimento retal de identificação intrusiva, isto é, às tendências perversas e à adicção. Elas são em primeiro lugar reveladas cautelosamente nos sonhos. Embora não reconhecidas como relacionadas à realidade externa, isto também não é negado. Acho que podemos dizer com alguma convicção que, quando existe esta situação, existem perversões e adicções secretas, não meramente tendências polimorfas infantis nem utilização habitual de estimulantes ou drogas leves, mas áreas dedicadas ao sadomasoquismo de uma forma ou de outra, de tal modo que o limiar da posição depressiva não pode ser alcançado pelo analisando.

As razões para isto são duas: uma razão está relacionada ao significado inconsciente da área perversa/viciada; a outra se relaciona com a distância essencial a partir da resistência de dependência sobre objetos bons que este sigilo implica. Mas em um certo sentido ambos os fatores são secundários à qualidade danificada dos objetos consequente à identificação intrusiva. Este é um fator que se mostra também na visão-de-mundo alterada da qual eu tenho falado longamente. Mas se examinarmos as implicações desta visão alterada, podemos reconhecê-la como sendo um reflexo da natureza do(s) compartimento(s) como um mundo. O que isto implica para a avaliação das qualidades destes objetos, essencialmente internos, mas refletidos também na transferência, que seu mundo interno deveria ser de tal caráter, seja cabeça/seio, genital ou reto? Em sua forma concreta, como visto nos aspectos claustrofóbicos dos fenômenos gerados pela identificação intrusiva, é exibido diante de nós um mundo interno que também implica um certo nível de mentalidade, caráter, valores: hierarquia, elitismo, privilégio, exploração, condenação moral, expectativas de obediência, punição como um método pedagógico, conservadorismo, puritanismo, hipocrisia, materialismo. Em um mundo LHK negativo, o mundo de antiemoção e antipensamento.

Estes são os elementos com os quais o analista suspeita de perversão oculta. Mas eles também são suspeitos nos normais e nos neuróticos de tendências secretas sadomasoquistas. Enquanto nestes últimos tais implicações do dossiê não revelado de observações, informações e fofocas podem apenas ser consideradas como manchas na superfície de um claro objeto de transferência, estas manchas obstruem a experiência estética, a união no calor do amor e do ódio, considerados em relação dinâmica pela força do desejo de saber e entender.

11. O claustro e a adolescência

Sem dúvida as tendências para entrar em identificação intrusiva com objetos internos, através de processos masturbatórios, têm sua origem nas primeiras semanas e meses da vida pós-natal. Podemos assumir que elas têm uma conexão, uma referência a memórias da vida no útero, mas a principal diferença foi traçada. Também foi sugerido que os estados da mente influenciados pela identificação intrusiva podem ser diferentes daqueles que são relacionados com uma parte clivada do *self* que não nasceu, deixada para trás, uma vítima dos processos prematuros de clivagem, como o garotinho aleijado que foi deixado para trás quando o flautista levou todas as crianças para a montanha.

> *Eu disse, tudo? Não, era coxo,*
> *E não podia dançar de toda maneira;*
> *E nos anos posteriores, se você fosse culpar*
> *Sua tristeza, ele estava acostumado a dizer, -*

"Está tediosa nossa cidade desde que meus companheiros se foram!
Não posso me esquecer que estou despojado
De todas as belas vistas que eles veem,
Que o Flautista também me prometeu.
Pois ele nos levava, disse ele, para uma terra alegre,
Unindo à cidade e apenas à mão,
Onde as águas jorravam e as árvores frutíferas cresciam
E as flores estendiam um colorido mais claro,
E tudo era estranho e novo;"

Considerando o papel da identificação intrusiva nos fenômenos da adolescência, parece necessário considerar a comunidade adolescente como um todo, então aqueles que estão "no topo" (e, de fato, estão no fundo) e também aqueles que foram deixados para trás. A descrição de Browning do que o flautista prometeu, em sua grande semelhança com a representação do Jardim do Éden de Milton, é um quadro vibrante da visão perseguida pela comunidade adolescente. Em sua função de desenvolvimento, esta socialização dos processos internos pode ser vista como experimental, essencialmente como experimentos apartados da proteção, dos serviços e regulações, comportamentais e éticas, da vida familiar. Para que seja seguro, os laços não devem ser cortados, deve permanecer uma base, um lugar próprio na família, mesmo que desocupado por ter achado um "lugar próprio" em outro local.

Mas é exatamente este mundo "seguro" que é o anátema para o adolescente, pois seu novo tamanho, desenvolvimento corporal e potência sexual fazem com que ele se sinta invulnerável. Os perigos dos quais ele ouviu seus pais pregar no passado são vistos à luz de instrumentos de controle, análogos à pregação do fogo do inferno. A qualidade comum das novas experiências dá uma aura de universalidade, a alegria dá uma atmosfera de pureza, e a prontidão para novas relações dá um sabor de inocência. As restrições são escravidões, o futuro é simplesmente o presente extrapolado. O excesso de fantasia disfarça a pobreza de imaginação.

No interior desta atmosfera comum a fluidez das identificações projetivas é encorajada para aliviar os estados confusionais dos múltiplos processos de clivagem. Na panelinha, na gangue, no grupo os papéis mudam com a mudança da luz, de modo que a homogeneidade de opinião parece substituir qualquer consciência de submissão ao líder do momento. Instabilidade e promiscuidade assumem o disfarce de afabilidade, quebrada somente quando as rivalidades irrompem de forma inconfundível. A realidade da conformidade servil é escondida pela tolerância infinita da idiossincrasia trivial.

Esta segurança aparente do grupo é necessária para as experiências de desenvolvimento que devem ser realizadas, e que consistem fundamentalmente numa avaliação e reformulação de todos os conflitos evolutivos da infância. Desde que eles "saíram" e "entraram" no mundo, uma visão-de-mundo, que difere daquela implícita nas atitudes parentais a respeito do ambiente fora da família, deve ser construída. O primeiro infortúnio desta fuga é a distinção ética de bom e mau, assumida como sendo comportamental em termos parentais. Ela se torna fluida, relativa. Ainda permanece comportamental, no entanto moral ao invés de ética, pois esta última requer tanto penetração quanto uma capacidade para abstração e para formação de símbolo. Estas qualidades são temporariamente perdidas no calor da liberdade da tradição. De uma maneira estranha a linguagem se torna muito concreta e ao mesmo tempo, fluida, de modo que a argumentação tende a perder sua ancoragem na observação e na experiência e torna-se um duelo de facilidade verbal, de afirmação agressiva e chantagem moral, onde a implicação da covardia é acima de tudo, intimidadora. "Coloque-se ou cale-se!", "Put your money where your mouth is!"[1] terminam o debate. Boatos, fatos, estatísticas são entregues como marteladas.

Esta consciência do mundo, tão verbal e fácil, produz uma politização do pensamento e polarização do senso de identidade. Sua liberdade para vaguear para o misticismo, a utopia e o niilismo não é contida pela imaginação emocional, mas permanece dentro do ilimitado campo de batalha de opiniões. O desprezo pela classe dominante não se estende para o discernimento da falsidade da metodologia política, mas permanece num simples nível de guerra de classes, ainda que as classes possam ser diferentes do histórico ou tradicional. As classes básicas são os velhos e os jovens, travando uma batalha impiedosa, indiferentes ao tempo; que o velho de hoje foi o jovem de ontem e, Deus me perdoe, vice-versa.

Este estado comum de confusão obscurecida parece absolutamente necessário para o trabalho ao longo das confusões de desenvolvimento que barram o caminho para individualidade e para relações íntimas. E para a maioria dos participantes eles obtêm sucesso, pelo menos temporariamente, embora as tensões posteriores em ganhar a vida, construir uma família e criar filhos possam derrubá-los de voltar para o conformismo, o conservadorismo, a timidez e o declínio da imaginação em favor da negação da realidade psíquica. A necessidade de rotina para adaptação se torna ritual facilmente e enfraquece a emotividade da vida dos adultos. Pensar é tão cansativo!

Daquelas crianças que são deixadas para trás por este processo de popularização, algumas, é claro, se agarram simplesmente a um período de latência bastante rígido e aprovado de forma entusiástica. Não nos preocupamos com elas, pois elas parecem ir para a comunidade adolescente às escondidas, na esperança de emergir no futuro, quando eles tiverem se estabelecido na comunidade, para assumir os problemas adiados da sexualidade. Mas outras são deixadas para trás no sentido de que sua inabilidade para socializar sua rebelião as deixa na mão, cortadas tanto da vida familiar quanto da participação comportamental pela reserva. De um modo geral, elas se tornam ocultas, em uma câmara de masturbação, seja em casa ou em lugares escavados, em grande parte, incapazes de estudar, capazes apenas de manter empregos muito abaixo de sua capacidade mental ou educacional. O sentido de ser deixado para trás, particularmente no que diz respeito à sexualidade, é geralmente acompanhado por preocupação com defeitos em sua atratividade sexual aproximando-se de uma alucinação somática. Isto ocorre de forma mais extrema e intrigante quando as meninas são excepcionalmente belas e os meninos especialmente atraentes e charmosos. Sua obsessão com defeitos imaginados leva-os diretamente para hábitos compulsivos de consumo alimentar, exercícios, medidas de saúde e ruminações religiosas ou semirreligiosas. Sua orientação para a comunidade adolescente, e particularmente para o exibicionismo sexual, é extremamente voyeurista, amargamente invejosa e desesperada.

No outro polo estão os jovens que foram deixados de fora da experimentação saudável e necessária, cuja câmara puberal de masturbação se torna socializada, de uma forma restrita, ao subgrupo dos loucamente promíscuos, viciados em drogas e álcool e dos que estão na excitação da criminalidade. Sua imprudência cheira a desespero e a anseios suicidas. Quando politizados ou virados para cultos religiosos, eles são fanáticos. Por este aspecto excessivo não trazer ostracismo, mas frequentemente admiração, ele encontra pouco para contê-lo, exceto o colapso na forma de doença física ou mental. Devido ao lapso da influência parental eles são raramente enviados à terapia a não ser que uma violência aberta irrompa em casa. Isto não é verdadeiro em relação aos oblomovianos ostentadores, cujos pais frenéticos os mandam para terapia, em geral com poucos resultados. Os perigos da doença venérea, da violência ou da adicção os detêm muito pouco das atividades compulsivas. Ambos os grupos daqueles deixados de lado das experimentações alegres são atravessados por tragédias.

E para ambos os grupos o caminho de volta desta extremidade é difícil, começando como ocorre, na puberdade, com alienação ascendente. Como em todos os problemas do claustro, a sexualidade é tão profundamente enraizada na pré-genitalidade não resolvida e na privação emocional prematura, que a incapacidade para alianças emocionais, ligada a uma visão-de-mundo profundamente pessimista, torna improvável para eles que tenham o tipo de experiência de salvação de ser o objeto de um amor apaixonado de uma pessoa mais saudável e mais madura. Ao invés disso, eles facilmente caem vítimas da exploração de pervertidos dedicados mais velhos, ostentados com interesse amoroso, ou homossexual ou heterossexual.

Seja como terapeutas, pais, professores ou outros representantes da comunidade adulta, um entendimento da situação claustrofóbica e sua alienação da vida familiar e da emotividade da intimidade humana, pode suportar esforços para "estar a postos". A fim de prevenir da interferência e ainda assim, manter a esperança, parece necessário não apenas que os pais se lembrem da criança desde seu melhor início, mas que sejam capazes de perceber o desespero nos que foram deixados para trás apesar de sua ameaça, desprezo, provocação. Uma visão do claustro destaca esta mudança no senso de identidade, tornando possível reconhecer que eles são diferentes dos períodos iniciais, não somente em suas qualidades mentais, mas também no mundo que habitam. Alterações semelhantes podem ser vistas no refugiado político que não pode se livrar de seu pesadelo.

Nota

1. Trata-se de uma expressão idiomática popular, indicando a necessidade de restrição financeira, de economia de gastos, como controle de avidez humana – utilizada inicialmente na Escócia e que se espalhou pela Inglaterra.

12. O claustro e as perversões/adicções

A "revisão" dos "Três ensaios sobre a teoria da sexualidade" de Freud empreendida em "Estados sexuais da mente" (1973) agora requer alguma revisão ela mesma, à luz da digestão e implementação subsequentes do trabalho de Bion, um pouco do qual foi relatado em *Studies in extended metapsychology* (Estudos em metapsicologia ampliada) e "A apreensão do belo" (com Meg Harris Williams). Mas também as explorações atuais da fenomenologia projetiva da identificação intrusiva ampliam o modelo de mente de Melanie Klein, e requerem aplicação especial nas perversões e adicções. A revisão de Freud proposta em "Estados sexuais" foi principalmente uma revisão estrutural, levando em conta a clivagem do *self* e dos objetos, as identificações narcísicas, a luta por controle do órgão da consciência (atenção) e a guerra entre as tendências criativas e destrutivas vistas, no entanto, mais no nível do *self* do que do equilíbrio das pulsões de vida e de morte.

Este volume é dedicado a esta exploração dos fenômenos projetivos que acompanham a identificação intrusiva, mas eles precisam de uma integração específica com a teoria do pensamento de Bion com referência às perversões e adicções. O aspecto de sua teoria que é mais significativo para este propósito, e sem o qual não seria possível a ideia do conflito estético e seu lugar no desenvolvimento e no processo analítico, é a nova teoria dos afetos de Bion, L (amor), H (ódio) e K (conhecimento) como vínculos emocionais das relações humanas. Embora seja ambíguo em seu trabalho, até, eu penso, *A memoir of the future*, esta teoria de LHK negativos e positivos muda completamente qualquer ideia de mau ou destrutivo fora do domínio da pulsão e, portanto, da constituição, da genética. Ao invés disso, a emotividade – que é o núcleo do problema da vida da mente – das relações íntimas e apaixonadas e, portanto, do desenvolvimento da personalidade (que difere do refinamento da concha adaptativa) é vista como lutando para expressar-se aceitando a turbulência (mudança catastrófica) que envolve a emoção. Isto dá um significado mais amplo para o conceito de defesa, pois implica também defesa contra emoção, não apenas contra dor mental. Tal teoria traz consigo o alcance da análise a toda região intrigante da defesa contra o prazer tanto quanto a dor, que devemos chamar de incapacidade de desfrutar a felicidade, de escassez de alegria de viver.

A vida no claustro tem muitos prazeres, mas o que falta é certamente a alegria de viver: felicidade que vem da experiência do desenvolvimento, esperança que vem do contato direto – não em segunda mão ou já perdido – com a beleza do mundo. A cabeça/seio tem o prazer da complacência, do elitismo, de uma ilusão de segurança; o compartimento genital tem seu prazer erótico e "satisfação", ou seja, exaustão; o reto oferece de forma variada os prazeres do sadismo, masoquismo, poder, astúcia, fraude. Neste modelo de mente da metapsicologia ampliada, isto é, que inclui as dimensões geográficas de Melanie Klein e epistemológicas de Bion, o compartimento do claustro introduzido através do ânus, que significa, essencialmente, secretamente por trás, sofre uma alteração de seu significado na realidade psíquica. O órgão vital da economia mental da mãe servido pelos aspectos heroicos da sexualidade do pai não se verifica mais como um mundo autoritário para o intruso:

> *É o mesmo em todo mundo afora;*
> *É o mestre que está certo.*
> *É o menino que apanha;*
> *Serve o pestinha direito!*

O mestre deste compartimento é o pênis fecal, um objeto composto do pênis do pai e da parte do *self* intrometida nele, que é completamente dedicada ao LHK negativo. Talvez seja melhor definida como "fria" ao invés de "cruel" em sua essência. O Satã de Milton é quente, apaixonadamente invejoso e admirado. A serpente é fria, desonesta, calculista. É a serpente, não Satã, que Deus amaldiçoa, enquanto com Satã ele exerce uma competição quase esportiva de influência, como no caso de Jó. A única queixa de Jó de ter sido escolhido para o sofrimento esquemático é a falta de comunicação direta. Ele faria alegremente seu papel no jogo se pelo menos conhecesse as regras. As regras do jogo no claustro são inequívocas; é o menino que apanha! E o jogo é de esconde-esconde. É "divertido" apesar da atmosfera de terror, como todo pesadelo é também um filme de terror, como os passeios no parque de diversões são "arrepiantes". Quão delicada é a fronteira entre caçar ou pescar por prazer ou esporte sangrento.

Além disso, todo intruso dentro deste compartimento do claustro é recrutado para tenência. Ele pode ser um cão de caça, bem como uma lebre, ou ele pode ser uma lebre disfarçada de cão de caça e um cão de caça disfarçado de lebre. Um jogo mais atraente. Não é preciso se perguntar de sua popularidade, a partir do ponto de vista da "diversão". Mas a diversão não é sua essência. Esta reside na retirada das ligações emocionais com outros humanos; o mundo das relações de intimidade e, portanto, das relações basicamente familiares. Visto deste vértice adicional do claustro, torna-se claro que no centro de uma adicção ou de uma fantasia ou relacionamento perverso, a pessoa envolvida não é ela mesma, ela está "fora de si" com entusiasmo, confusão quanto à natureza do mundo, e profundamente incerta da identidade de qualquer parceiro-no-crime. Talvez o poder evocativo extraordinário da crucificação, deixando de lado seu significado espiritual, seja o crime de assassinato do bebê bom – tanto o bebê novo dos pais quanto a parte bebê da própria pessoa. Para todos, o sadomasoquismo parece ter este crime em sua raiz, a versão LHK negativa da paixão, na qual um bebê novo é gerado, em sua conversão fria e excitante. O imperdoável se torna perdoável, pois eles não sabem verdadeiramente o que fazem.

Em "Estados sexuais" a diferença entre perversidade habitual, dedicada e criminosa foi sugerida. A teoria do claustro acrescenta uma nova precisão nesta formulação. O perverso comum seria a pessoa cujo senso de identidade não está enraizado na parte do *self* abrigada no claustro. Na análise de tais pacientes temos a oportunidade de estudar o deslocamento adiante e para trás deste controle sobre o órgão da atenção no fluxo e refluxo da transferência. Por outro lado, o perverso dedicado está tão enraizado, mas principalmente na orientação masoquista, resistindo ao recrutamento para a equipe do claustro com todos os meios de desonestidade que ele pode reunir, mas participando fundamentalmente como a lebre que deve permitir a si mesma ser atacada periodicamente pelo cão de caça para aplacar sua fúria, enquanto está menos conscientemente identificado também, em seu modo acusatório, com a mãe que permite que seu bebê seja violado, para salvar ela própria ("Mãe Coragem"?). O perverso criminoso foi recrutado de qualquer maneira e está seguindo ordens com toda hipocrisia do niilista e do anarquista, do terrorista político ou inquisidor. Dos três subgrupos ele é o que está verdadeiramente "em desespero" e sua reabilitação do claustro é barrada, em sua própria mente, pela concretude do estrago que ele fez ao juntar-se às classes do pênis fecal. Mas mesmo isto pode não ser verdadeiro, pode não haver nenhum "pecado mortal"; até mesmo o carrasco psicossomático pode conceder um adiamento. Independentemente da indignidade da motivação que leva à intrusão para dentro do claustro, uma vez lá dentro, o "mundo" muda, os LHK da vida íntima desaparecem e são substituídos pela excitação obscurecida pelo terror sem nome. Se a punição fosse necessária para o perdão, estas partes infantis teriam tido sua punição, não obstante a "diversão". Sugeri que o terror sem nome seja a possibilidade de insanidade à medida que o distúrbio do pensamento se intensifica e o sistema delirante dos objetos bizarros acena bastante sedutor.

13. O claustro e a política

Parece inútil e autoenganoso fingir que se pode continuar uma atividade em que outros também trabalham sem participar do aspecto comunitário, pois existe sempre uma comunidade. E uma vez que há uma comunidade há problemas de organização e comunicação onde a fronteira entre amigável e hostil, comunicação e ação, administrar e dominar, se opor e sabotar, se torna obscura. Em tudo o que já escrevi alguma atenção foi dada ao aspecto institucional da psicanálise a fim de esclarecer, até certo ponto, a posição organizacional em cuja atmosfera estou intrometendo meu pensamento. É, naturalmente, uma área na qual sou essencialmente ignorante, mas posso me consolar com a crença de que também existem outros assim, mesmo alegando serem especialistas. Então, se sou uma vergonha para meus amigos mais uma vez por me fazer de bobo, lembro-me de uma das histórias de Leonard Woolf, quando ele falava de Hipólito ter "perdido a cabeça" durante uma festa de casamento: nem se importava em estar fazendo papel de bobo, imerso que estava em enorme felicidade. Afinal, na área da política, quem se mostrou mais bobo do que Platão?

Uma discussão sobre as implicações desta conjectura imaginativa do claustro na vida comunitária resulta diretamente da investigação de sua operação na adolescência. A maioria de nós estava ainda neste estágio da vida quando nos envolvemos na psicanálise. Esta situação persiste, até que a pessoa se compenetre a respeito da responsabilidade por crianças e assuma responsabilidade plena por pacientes. Por esta razão, o formato pelo qual tenho investigado a adolescência é válido também aqui: aqueles que são capazes de participar da alegre experiência com a independência dos analistas, comitês de formação e supervisão imposta, e os outros. Os oblomovianos mantêm suas cabeças baixas e não precisam nos deter aqui, mas todas as outras subcategorias de moradores do claustro acham representação, tanto na psicanálise quanto em qualquer organização; e talvez, se eu estou certo sobre a onipresença deste aspecto da estrutura da personalidade, a atitude de todos está sujeita, em algum grau de influência, à visão-de-mundo claustrofóbica.

Para muitos analistas, a alegria adolescente que cerca a fase de experimentação é interrompida pela introdução do trabalho analítico independente, pleno de responsabilidades – algo que começa a dobrar a própria alma destes analistas. E naturalmente eles buscam o amparo de supervisores, amigos, panelinhas e grupos cuidadosamente escolhidos. Porque estas são raramente relações verdadeiramente íntimas e, na melhor das hipóteses, são contratuais, os processos políticos os faz sentir num autoengano e sinceridade reduzida, por uma questão de preservação de uma sensação falsa de harmonia de pensamento e de atitude. Talvez não possam obter ajuda. Talvez a vida em comunidade seja o inferno, caótica sem estas reduções. Mas eles se arrastam para o consultório também.

Embora eu desejasse me dirigir a este problema no contexto da psicanálise, pois afinal minha principal experiência de vida foi em grupo (eu vivi por oito anos nas forças armadas, sendo uma experiência rígida e primitiva demais para ser de aprendizado), penso que ele tenha uma aplicação geral. Todo grupo suporta uma semelhança forte com um ou mais compartimentos do claustro, que é outro modo de dizer – em termos bionianos – que todo grupo de trabalho tende para a organização de pressupostos básicos. Eu colocaria os problemas envolvidos da seguinte forma: como administrar sem dominar; como fazer oposição sem sabotar; como manter-se cordial quando em desacordo?

Recapitulemos brevemente as características dos compartimentos do claustro que nos interessam em particular aqui: a cabeça/seio ou confere o caráter de elite baseado no delírio que teve um *insight* claríssimo e carrega consigo uma sensação de posse, ou ela permite uma sinecura de sossego e conforto; o compartimento genital promove a preocupação erótica, seja do eleito com base na suposta atratividade e potência sexual, ou de uma sensação de privação de direitos a partir destes atributos; e o compartimento retal envolve a personalidade em uma atmosfera de tirania e submissão, sadomasoquismo, pessimismo e cinismo. Cada compartimento tem sua ansiedade característica e idealização e complacência correspondentes, dependendo do lugar do indivíduo na hierarquia, pois cada compartimento é essencialmente hierárquico.

Com esta segmentação em mente, vamos tentar elucidar as funções que precisam ser efetuadas se uma organização deve ser gerida de uma forma coerente com sua missão. As funções principais da missão de uma sociedade psicanalítica são, por exemplo: fornecer um local de troca científica e educação técnica, sendo também capaz de representar os interesses da sociedade com relação à comunidade. Em termos dos compartimentos do claustro, ele deve evitar que se outorguem posições, posses, sinecuras; ele deve evitar proporcionar um ambiente para exibição erótica e intriga; deve desencorajar processos de tirania ou submissão.

Tal declaração, em toda sua banalidade, é um convite às soluções políticas de cunho utópico. O problema talvez resida em tratar a organização como um organismo, referir-se a "ela" como se tivesse qualidades mentais a serem descritas. Esta é imediatamente a linguagem do grupo de pressupostos básicos, talvez o mais básico dos pressupostos básicos. A "praia" é apenas um signo, uma conveniência, um significante acordado para uma inumerável coleção de grãos de areia. A "colmeia" é um organismo: pode ser nomeada por formação de símbolo, e pode ser preenchida com significado, na medida em que alguém a investigue e venha a entender mais sobre sua organização. É razoável supor que uma colmeia seja muito similar a outra. "Sociedade Psicanalítica" é um signo que designa um local: aqui existe uma coleção de grãos de atividade psicanalítica, sem uma função inerente ou organização. Para que ela tenha um significado e, portanto, um valor simbólico, só pode fazê-lo como uma somatória das atividades dos indivíduos. Qualquer tabela de organização servirá bem ou mal, dependendo da participação dos indivíduos. Mas uma coisa que ela não pode se tornar é uma família. Se ela tentar, se torna um grupo de pressupostos básicos de dependência.

O problema então – se qualquer grupo no mundo é capaz de resolvê-lo, deveria ser o de psicanalistas – é o problema da individualidade ética. Mas qual é de fato a ética da psicanálise? Mesmo que a psicanálise seja uma coisa-em-si-mesma abstrata, afirmo confiante, ela não tem ética. Apenas indivíduos podem ter ética e o modelo de mente que eu adoto – e talvez muitos psicanalistas – afirma que a ética é uma emanação dos objetos internos do indivíduo. Não pode haver uniformidade alguma, assim como não pode haver homogeneidade alguma de história individual, independentemente do grau de similaridade, de sobreposição. A ética de um indivíduo são os valores promulgados pelos seus objetos internos; sua violação é experimentada no inconsciente como degradante a estes objetos – essencialmente, como traição. Em cada indivíduo estes objetos, assim como o *self*, são capazes de aprender com a experiência e não precisam ser os mesmos aos trinta como podem ser aos sessenta.

A ética do indivíduo que pareceria ser a mais consistente com o método psicanalítico pode ser difícil de particularizar em qualquer momento específico da terapia, mas suas linhas gerais parecem poder ser definidas: seguir, não conduzir, na busca pela (inalcançável) verdade; construir e preservar um contexto (*setting*) onde isto possa ocorrer; buscar por significado e não exercer julgamento e comportamento moral; estar preparado para sacrifício pessoal na busca destes objetivos, não impondo estes sacrifícios aos outros; restringir a influência sobre o paciente à clareza difundida pela comunicação e não através de ações; falar a verdade, como refletido nas palavras e na música.

É provavelmente impossível para um indivíduo comportar-se na atmosfera contratual de um grupo de trabalho com a mesma ética que ele pode ser capaz de atingir no clima intimista de uma boa análise. Mas ele pode, eventualmente, evitar a degradação sem impor sua ética individual aos outros. Se nos voltarmos aos aspectos do mundo segmentado e hierárquico da mentalidade claustrofóbica, devemos ser capazes de definir estas armadilhas características da degradação, e de: (a) nos proteger de aceitar a posição de um especialista, preservando o entendimento de que neste campo não existe saber, apenas opinião baseada na experiência; (b) nos recusar a sinecura conferida por se sobrecarregar baseando-se em opiniões supostamente superiores dos próprios colegas; (c) estar alerta à intensidade da carga erótica na situação analítica, na supervisão analítica e na apresentação analítica do trabalho de alguém; (d) recusar-se a participar de funções grupais que não são capacitadoras, mas restritivas, punitivas, disciplinares; (e) evitar atribuir falhas ao paciente em vez de atribuir ao próprio trabalho ou às limitações da psicanálise; (f) evitar selecionar pacientes, pois isto nos leva inevitavelmente à exploração de colegas mais jovens enviando-lhes pacientes difíceis, sem atrativos e mal pagantes; (g) fazer a sua parte do trabalho sujo da sociedade, mas não mais, para que não seja retribuído com uma posição difícil de recusar educadamente; (h) cair fora quando a atmosfera da sociedade se tornar muito degradante, mesmo para uma participação tácita, sem ser dissidente.

Estes me parecem ser princípios defensáveis para a participação em uma comunidade sem degradação, e podem, portanto, ser considerados como uma posição antipolítica. Está de acordo com a ética básica do homem justo, cuidar de sua própria vida e cuidar bem dela. Agora as considerações sobre o claustro sugerem que existem dois compartimentos que são eminentemente políticos em sua orientação: o aspecto proustiano da cabeça/seio e aquele recrutamento para tenência do reto. O primeiro manifesta um impulso por aquisição de posições que é facilmente satisfeito pela estrutura hierárquica, e o segundo, uma ganância pelo poder, onde possibilidade foi substituída por práticas restritivas. Os heróis-da-resistência no reto são os agitadores dissidentes cujo desvio é compensado por seu zelo e justiça própria. É provavelmente inevitável que qualquer grupo que se forma com uma intenção de trabalho e um certo entusiasmo revolucionário deveria "envelhecer", não somente no sentido da idade de seus fundadores, mas com o crescimento de seus membros – sua popularidade crescente e sua respeitabilidade abrangida. Com este envelhecimento a mudança na direção da orientação de pressupostos básicos progride com o tamanho do livro de normas e sua crença tácita nos métodos políticos. É natural que na atmosfera mais claustrofóbica, organizacionalmente séria e ambiciosa, os mais carismáticos e os burros de carga partidários são aquele que devem subir ao topo. Rebeliões pelos heróis-da-resistência produzem apenas revoluções grandiosas que não mudam nada que é da atmosfera essencialmente política. Esta é a "fumaça vizinha" que diz a você que é hora de "seguir em frente". Pode parecer um negócio solitário agir com justiça, mas não é exatamente. Existe uma camaradagem implícita entre os trabalhadores.

Equívoco de Macbeth, ambiguidade de Shakespeare

Meg Harris Williams

Equívoco versus *ambiguidade*

Shakespeare se interessou pelo conceito de equívoco na cena do coveiro em *Hamlet*, no contexto de encobrir *versus* desenterrar a verdade. Em *Macbeth* ele o persegue implacavelmente de uma maneira que provavelmente estabeleceu seu significado moderno de utilizar uma ideia, imagem ou palavra para disfarçar outra, levado por sua natureza própria para a criação de um tipo de sublinguagem ou jargão social; é "o demônio / Que mente como verdade". Esta peça se equivoca sobre os conceitos de "sucesso", "crescimento" e "segurança", que todos comportam mais de um significado subjacente de morte ou destruição; "partido" significa "assassinado" assim como na gíria militar moderna, "extrair" significa "destruir". O equívoco está assim, em completo contraste com a ambiguidade poética, que inclui mais do que o duplo significado das palavras e frases sozinhas; é um meio de capturar o significado nas entrelinhas de uma imagem ou personagem ou evento dramático duplo – entre qualquer um dos ingredientes formais de uma peça, apresentados de tal modo como para evocar ecos e paralelos entre eles; o significado é evocado, ao invés de ser redutivamente preso. Imagens-chave, temas e ecos linguísticos em uma peça que contribui para sua estrutura orgânica pertencem aos domínios da ambiguidade – tal como, nesta peça, a imagem estruturada do bebê recém-nascido: neste se concentra o conceito de viver o futuro como oposto ao de controlar o futuro (ver C. Brooks em *The naked babe* e M. M. Mahood em *Macbeth's wordplay*). O equívoco é um meio de autoengano, seja ocorrendo na forma do cinismo ruidoso de Lady Macbeth, ou da névoa confusa de Macbeth – tentando esconder seu "ato" de seu "auto", sua "mão" de seu "olho" etc. A ambiguidade, por outro lado, é o meio fundamental artístico de exploração e descoberta, o meio de autoanálise; ao invés de abafar, ela revela o mistério de uma situação emocional.

Em *Macbeth*, Shakespeare empreende a difícil tarefa de se aproximar de forma poética do menos poético dos sujeitos; pois o dito romântico de que é mais fácil retratar vividamente uma personagem no inferno do que no paraíso, somente se aplica quando a personagem se encontra metade dentro e metade fora – em um estado de conflito em uma situação ambígua, como Hamlet. O assunto de Macbeth – ou dos Macbeths – no inferno é naturalmente enfadonho e antipático, e Shakespeare tem que abordar seu claustro de equivocação de diferentes ângulos, incluindo os meios de entrada e de saída, sendo um meio com o qual podemos experimentar de fato o significado da insignificância, como uma condição diária que existe para além dos limites do fogo do inferno e das bruxas de contos de fada. Um dos tipos estruturais de ambiguidade que permite que ele o faça é a separação do herói em dois componentes, as personagens de Macbeth e Lady Macbeth, como um meio de demonstrar claramente a perversão da feminilidade; da mesma maneira que são contrastados com a família

Macduff de uma maneira que sugere aspectos parciais da mesma personalidade. Outro dos artifícios do dramaturgo é o entrelaçamento linguístico dos valores de bruxas e dos respeitáveis códigos de honra e sucesso da sociedade, de modo que Macbeth nunca nos parece ser um monstro ou uma "ave infernal" (como seus contemporâneos afirmam), mas em vez disso, uma vítima de seu próprio equívoco – o caminho mais fácil de um conflito mental – cujas consequências do pesadelo sejam talvez surpreendentes. Lady Macbeth e seu marido acreditam que sabem o que estão fazendo quando evitam, de forma ousada, suas crenças infantis sobre bom e mau e decidem aproveitar o Poder constituído pelos chifres e utilizá-lo com um espírito oportunista e moderno. A razão de querer ganhar a coroa – o "aro dourado", o "tema imperial" – é se tornar imune à sorte e ao acaso, de contradições internas e externas; a posse da coroa dará:

> *to all our nights and days to come*
> *Give solely sovereign sway and masterdom.*
> *(I, v., 69-70)*[1]

Isto se deriva da crença em uma falsa masculinidade que é onisciente e onipotente, num controle predeterminado dos eventos e em conluio com uma feminilidade perversa que arma e escraviza ou mata. Os Macbeths caem como presas fáceis das bruxas desde que eles já acreditam numa hierarquia de espíritos, que "sabem todas as consequências mortais" e servem "mestres" escondidos, uma versão do Grande Irmão (*Big Brother*); através da identificação com a bruxa-mente, eles acreditam que podem se tornar o Grande Irmão em sua própria realidade. Isto é o que os impede de ter qualquer verdadeiro, futuro desenvolvimento – de ter "herdeiros" espirituais para seu reino mental, criança da imaginação que é resultado de uma união entre um homem e uma mulher criativos.

É a mente, mais do que o corpo, que se torna estéril e sem herdeiros. Contudo, a sensação de vazio que sucede imediatamente após o primeiro assassinato pode apenas ser interpretada por eles em termos de ter falhado em obter o controle total da coroa: daí a sequência repetitiva de assassinatos, e a vingança de alucinação e loucura da mente – características da prisão no claustro.

Durante a Renascença, o inferno veio a ser encarado, na literatura inglesa, como um estado da mente, mais do que um lugar: um estado caracterizado pela atividade incansável encobrindo o desespero subjacente e a autorreclusão; nas palavras de Satã de Milton,

> *Which way I fly am hell; myself am hell*
> *(Paradise Lost, IV, 75)*[2]

O voo (passo) é da falta de sentido para a existência que, enquanto aprisiona, não fornece contenção alguma para a alma – o abismo cada vez mais profundo de "perdição sem fundo" (nos termos modernos, a convicção de ser sobre-carregado, "sobrecarregado" pelo Sistema). Satã é, inicialmente pelo menos, o poeta de seu próprio predicamento, antes das pressões da liderança tornarem-no um escravo de seu próprio jargão. Mas em *Macbeth*, a degradação do herói é expressa de forma dramática, mais do que de forma lírica, através da estrutura e linguagem de toda a peça. De fato, Macbeth é condenado a perder a faculdade de autoexpressão – embora esta comece a voltar desde o momento em que ele aprende a "começar a duvidar do jogo duplo do demônio / Que mente como se dissesse a verdade." Shakespeare utiliza como cenário a tradicional iconografia do inferno em suas cores mais berrantes e sangrentas – as mortalhas não naturais de escuridão em plena luz do dia, neblina esfumada de sangue, corujas gritando, cavalos comendo uns aos outros etc. –, toda a emissão do caldeirão das bruxas com sua bagunça de ingredientes divididos e venenosos, para iluminar "o caminho da prímula até a eterna fogueira". Existe quase um sentido caricatural nestes "demônios pintados" de contos de fadas – que Lady Macbeth despreza como sendo temidos pelo "olhar da infância" ("the eye of childhood" – II, ii, 53). Mas a qualidade sinistra da peça é derivada da forma com que a iconografia extravagante do caminho da prímula é transformada em uma história da degeneração dos processos de pensamento dentro da mente do herói (e da heroína), começando pela neblina esfumada de sangue, que encontra sua contrapartida espiritual no cotão de equívocos irracionais. Shakespeare utiliza a ambiguidade dramática e poética para penetrar no cotão de equívoco e expor o resultado verdadeiro para Macbeth em sua dependência das bruxas – a perda de sua capacidade de experimentar a vida como significativa.

O primeiro ato da peça mostra-nos uma sociedade em vias de se destruir através de guerras civis, por isso dominada, não surpreendentemente, pelo espírito das bruxas em sua mata maldita, preparando problemas malignos a partir de ingredientes mutilados e fecais. Mas o elemento-chave de seu preparo não é sua maldade, mas seu equívoco:

> *Fair is foul and foul is fair*
> *Hover through the fog and filthy air.*
>
> *(I, i, 11-12)*[3]

Seu preparado é "duplo" (*double, double toil and trouble*),[4] cuja bela aparência esconde sua feiúra interna ou essencial. As bruxas nunca ordenaram explicitamente a Macbeth que matasse; elas o direcionaram para "a coroa", "sucesso" ou "conhecimento do futuro", que Shakespeare nos mostra serem metas inerentemente assassinas, embora não antagônicas aos valores da sociedade, mas de acordo com seus pressupostos básicos. De fato, os valores das bruxas são gerados pela sociedade, embora elas somente se tornem manifestamente infernais ou destrutivas durante momentos de instabilidade, e Macbeth se torna sua vítima e instrumento, não devido ao seu mal inato, mas devido a sua fraqueza mental. Como diz Samson de Milton: "All wickedness is weakness" ("Toda maldade é fraqueza"). Macbeth é, aos olhos de todos, um camarada decente – de acordo com sua esposa, "full o' th' milk of human kindness" (I, v, 17)[5] – mas ele não pode pensar através das tentações que o enfrentam. Desliza pelo caminho de prímula para a perdição, em parte devido à identificação com a qualidade má da mente-bruxa (sua feminilidade pervertida, nele estimulada por sua esposa), mas mais crucialmente, devido à identificação com seus **métodos**, de equívoco de pensamento-esfumado (*thought-smothering equivocation*). E Shakespeare demonstra no primeiro ato como estes modos de não pensar dominam a criação, pela sociedade, de seus heróis. Macbeth vencerá um traidor – o Thane de Cawdor – somente a fim de preencher sua posição ele próprio e completar sua traição com sucesso, na medida de sua "coroa" de ambição. A ironia dramática faz com que este pareça um processo inevitável: assim, Macbeth engaja Cawdor ao "confrontá-lo com autocomparações", e neste momento, Duncan oferece-lhe o posto em Cawdor com as palavras "aquilo que ele perdeu, Macbeth, o nobre, conquistou" (um eco da frase inicial de uma das frases proféticas e paradoxais das bruxas), "Quando se perde e se ganha uma batalha"; finalmente, Macbeth entra na presença do rei no momento em que ele está lamentando o fato de ter depositado mal sua "confiança absoluta" em Cawdor, pois não havia jeito de ler "no rosto as feições da alma"; logo transferindo esta "confiança absoluta" para seu novo herói, Duncan parece colocar o selo de aprovação em sua ruidosa deslealdade. Assim, o piloto, que as bruxas dizem terem naufragado em seu caminho "para casa", refere-se anteriormente, no contexto da peça, a Cawdor, que "se empenhou na ruína de sua pátria", e adiante, a Macbeth, a quem eles estão esperando para destruir, antes que possa chegar ao lar de seu "espírito" após a confusão da batalha. Estas são todas as funções de ambiguidade de Shakespeare. Como um soldado, Macbeth foi levado, visto como "noivo de Belona",[6] "lacaio da bravura", "criador de estranhas formas da morte", e que teria "destripado" seus inimigos de alto a baixo, de uma maneira correspondente às bruxas enchendo seu caldeirão; então os equívocos próprios da sociedade, nos quais "são iguais o belo e o feio", dão um pequeno passo para que ele continue a fazer o papel daquele que é bem sucedido, fundado em ações sangrentas; tais ações se tornam um recurso inerente ao caminho para o "sucesso".

"Elas me encontraram no dia da vitória", Macbeth diz à sua esposa em sua carta, apresentando as bruxas. As bruxas o saudaram de acordo com um padrão gradual, em progressão: Glamis – Cawdor – Rei; e cada vez que Macbeth é saudado por seus novos títulos, seguindo este padrão ou suas primeiras etapas, ele parece mais ligado à mente-bruxa como a fonte do que é conhecido equivocadamente como "verdades":

> *Two truths are told,*
> *A happy prologues to the swelling act*
> *Of the imperial theme...*
> *This supernatural soliciting*
> *Cannot be ill; cannot be good:*
> *If ill, why has it given me earnest of success,*
> *Commencing in a truth? I am Thane of Cawdor:*
> *If good, why do I yield to that suggestion*
> *Whose horrid image doth unfix my hair...*
> *My thought, whose murther yet is but fantastical,*
> *Shakes so my single state of man,*
> *That function is smother'd in surmise,*
> *And nothing is, but what is not.*
>
> (I, iii, 127-42)[7]

A linguagem da gravidez e nascimento, o "ato elevado", é usada para disfarçar a "figura pavorosa" do assassinato – apresentada de forma ambígua como assassinato em pensamento, e o assassinato do pensamento em si. A progressão destas "verdades" equivocadas (um equilíbrio rítmico entre "má" e "boa") culmina automaticamente em assassinato. Este é um objetivo que Macbeth prefere achar "sobrenatural", e permite que seja "esmagada" novamente revertendo-se em equivocação oculta, novamente baseada na ideia de fecundidade – "sem que haja nada além do que não é". Desse modo Macbeth fracassa em confrontar as implicações da sinistra progressão das bruxas; e com cada fracasso, Shakespeare demonstra como seu herói se submete mais à armadilha que está se fechando sobre ele, com sua mente obscurecida pela "fantasia". Adequando os valores da corte e do caldeirão, em uma justaposição ambígua, Shakespeare mostra como Macbeth se torna entremeado em uma relação especial com o rei, cujo tom de voz sinistro significa sucessão/sucesso por substituição/assassinato, ou progresso "elevado" por alimentar-se do sangue do hospedeiro. Este é o lado "feio" da "bela" equivocação sobre o sucesso hierárquico que é tolerado por todos, não só Macbeth, e que torna a respeitável sociedade vulnerável aos valores das bruxas. É associado à ideia medieval do corpo político, que vê o estado como um organismo com seus membros crescendo uns com os outros ou fora uns dos outros, alimentando-se uns aos outros com vínculos de sangue que supostamente representam "confiança absoluta" ou intimidade, e tudo centrado no rei. Por isso, o jargão convencional após seu assassinato é descoberto: "esgotado se acha o vinho da existência" (ato II, cena III). A incipiente instabilidade, traição e sede de sangue deste modelo foram descritas por Shakespeare em *Ricardo II*. Aqui, em *Macbeth*, o ingênuo e santo Duncan diz que pretende "plantar" Macbeth e fazê-lo "alcançar crescimento completo" (também Banquo); enquanto isso, ele recebe os formais elogios de Macbeth como um "banquete" do qual ele se "alimenta"; sua relação parece tão especial que ele deseja "amarrar" Macbeth a ele, de uma forma ameaçadoramente ambígua, dizendo: "Devo-te muito mais do que posso pagar". A linguagem do elogio tem uma literalidade sinistra que Shakespeare mostra não é apenas de forma acidental, mas de alguma forma, transmite as expectativas impensadas dos pressupostos básicos da sociedade. Assim é que a "figura pavorosa" do assassinato do rei (sempre envolta em equívoco) vem a se apresentar a Macbeth, como se fosse – como disse Bradley – "um dever terrível".

No entanto, no primeiro ato, a armadilha é preparada para Macbeth como "herói-como-vítima" em seu caminho de regresso. Gradualmente a pressão das expectativas ocultas, acompanhadas da velocidade dos eventos, começa a atingi-lo. Ele tenta cair novamente na máxima do soldado – "A hora da alegria chega depois do mais cansado dia" – esperando não precisar toma nenhuma decisão ativa, não mais do que tomara no campo de batalha: "Se o acaso quer que eu seja rei, o acaso me poderá coroar sem que eu me mexa". A passividade de boa índole e não ficar muito na ribalta podem tê-lo salvo de qualquer tentação à criminalidade no passado. De fato, sentimos que se não fosse por Lady Macbeth (a guardiã da casa de Macbeth) e pela corrida louca da sociedade que fica em suas mãos, Macbeth provavelmente teria escapado por inércia e mantido sua reputação de nobreza.

Entrada no claustro

Esta é a figura de Lady Macbeth que permite que Shakespeare explore todas as implicações do estado da mente exemplificado em *Macbeth*. Embora o ar esteja cheio de equívocos, confusões e potencial assassino após a luta é ela que assegura que o curso descendente de seu "sucesso" seja irrevogavelmente precipitado em ação ("aparafusado" ao "ponto máximo", em suas palavras). Em outra justaposição poética, Shakespeare repentinamente transporta rei, família, cortesãos e generais naquela mesma noite para os confins do castelo de Lady Macbeth. Isto é feito na velocidade da luz e com sentido de urgência frenética, com mensageiros "quase mortos de cansaço" e o rei tentando ultrapassar Macbeth – cujo "grande afeto, agudo como suas esporas", no entanto, o faz ganhar a corrida. Aqueles que não chegam ao castelo naquela noite batem no portão antes do amanhecer, na manhã seguinte – para serem recebidos pelo "porteiro do diabo" como "equivocadores" em seu caminho para a "FOGUEIRA eterna". O castelo é apresentado como uma clausura feminina: como quando Lady Macbeth (se referindo ao mensageiro esbaforido que traz as "boas novas" da chegada de Duncan) diz:

> *The raven himself is hoarse*
> *That croaks the fatal entrance of Duncan*
> *Under my battlements.*
>
> *(I, v, 38-40)*[8]

Por fora, ela e seu castelo parecem "belos": um refúgio idílico ou "berço" no qual "as andorinhas dos templos familiares" podem fazer ninho (ato I, cena VI), um lugar de segurança e sustento para almas infantis. Neste contexto, Duncan é descrito como se ele fosse uma criança satisfeita posta para dormir, indo para a cama "foi-se para o quarto com um contentamento sem limites", rodeada por outras figuras da infância, incluindo seus filhos mais novos; mesmo seus guarda-costas são meras crianças, facilmente seduzidas e abatidas. Mas o castelo é um lugar de equivocação, uma extensão do caldeirão das bruxas de contos de fadas, uma armadilha assassina. Ele vem para simbolizar a feminilidade explicitamente pervertida de Lady Macbeth, que foi esvaziada do leite da bondade humana e preenchida com "fel" ou espíritos maus:

> *Come, you Spirits*
> *That tend on mortal thoughts, unsex me here,*
> *And fill me, from the crown to the toe, top-full*
> *Of direst cruelty! Make thick my blood,*
> *Stop up th'access and passage to remorse;...*
> *Come to my woman's breasts,*
> *And take my milk for gall, you murth'ring ministers,*
> *Wherever in your sightless substances*
> *You wait on Nature's mischief! Come, thick Night,*
> *And pall thee in the dunnest smoke of Hell,*
> *That my keen knife see not the wound it makes,*
> *Nor Heaven peep through the blanket of the dark,*
> *To cry, "Hold, hold!"*
>
> *(I, v, 40-54)*[9]

Sua linguagem evoca a névoa ensanguentada associada com as bruxas e com a proeza de Macbeth no campo de batalha ("tirai-me o sexo ... da cabeça até os pés" ecoando "destripai ... de alto a baixo").

É literalmente uma dessexualização, uma perversão da feminilidade (não uma extensão ambígua dela): concentrando-se no corpo como uma armadilha claustrofóbica com suas vias de comunicação interrompidas, apenas penetráveis ferindo, e a ideia de masculinidade (seu marido) apresentada apenas na forma de seu "punhal", apenas um instrumento mecânico de destruição. Este é seu castelo, sua "fortaleza", na qual ela está prestes a receber Duncan com suas conotações santas e infantis – ele mesmo parecido com uma criança espreitando através do cobertor, cujo olhar não encontra resposta em raio algum de visão das "substâncias incorpóreas" e seus "auxiliares do crime".

As imagens de Lady Macbeth encontram sua contrapartida de ambiguidade no próximo solilóquio de Macbeth, a primeira tentativa de ele se perguntar o que realmente sente sobre o assassinato, agora que sua esposa o havia confrontado com sua execução e ele e Duncan foram colocados juntos debaixo de seu teto. Macbeth tem de deixar a mesa de jantar mais cedo para ter um espaço de tempo sozinho, mesmo que curto, no qual possa considerar sua decisão. A princípio, sua habilidade para pensar é dificultada pela prevalente cotão de equivocação, com seus trocadilhos sobre o conceito de "sequência", "cessar" e "sucesso".

> *If it were done, when 'tis done, then 'twere well*
> *It were done quickly: if th'assassination*
> *Could trammel up the consequence, and catch*
> *With his surcease success; that but this blow*
> *Might be the be-all and the end-all – here,*
> *But here, upon this bank and shoal of time,*
> *We'd jump the life to come.*
>
> (I, vii, 1-7)[10]

Ostensivamente, Macbeth está considerando as "consequências" tanto do julgamento quanto da retribuição eternos e, em seguida, terrenos, em sua fala. Mas a mensagem significativa, transmitida pela poesia, mais do que pelo argumento, é que para ele "sucesso" é uma condição sem consequência, no sentido de sem futuro: o "fim" (*surcease*) de Duncan constituir-se-ia num "ser tudo e tudo terminar" (*be-all and end-all*) também para Macbeth em si mesmo, uma cessação dos julgamentos da vida em um só "golpe"? A realidade sórdida do assassinato parece uma mera formalidade ("feito – feito – feito"), deslizando através dos sons dos jogos de palavras, como se fosse ele mesmo um mero barulho: "assassinato – consequência – fim – sucesso", o golpe único de sucesso. E a face bela que cobre é, para Macbeth, um estado de segurança limitada, uma saudade escapista, mais passiva do que o desejo de Lady Macbeth de controlar e comandar os outros: é um refúgio livre de conflitos, uma sucessão livre de consequências de qualquer tipo, não apenas punitivo; na realidade, um tipo de morte (como em Keats, o "fim à meia noite, sem dor alguma"). Após o assassinato, ele dirá de Duncan: "tranquilo dorme, agora, depois das convulsões febris da vida". Mas mesmo antes do assassinato, para Macbeth, em sua profunda depressão, a vida já era de convulsões febris, e as imagens indicam sua inveja dos adormecidos e dos mortos. Não é somente a eternidade da vida após a morte, mas sua própria vida futura que ele gostaria de terminar com sucesso, acampado sobre um banco de areia e removido do fluxo da existência. Este seria seu objetivo ao possuir a coroa. Se um golpe poderia fazer dele rei, neste sentido, ser tudo e tudo terminar, ele o faria.

Não é até Macbeth considerar ele mesmo, Duncan, à luz de sua própria relação com ele (que é, neste momento, paterna – ser seu anfitrião), que ele entra em contato com seu núcleo emocional, e parece acordar pela primeira vez na peça:

> *Besides, this Duncan*
> *Hath borne his faculties so meek, hath been*
> *So clear in his great office, that his virtues*
> *Will plead like angels, trumpet-tongu'd, against*
> *The deep damnation of his taking-off;*
> *And Pity, like a naked new-born babe,*
> *Striding the blast, or heaven's Cherubim, hors'd*
> *Upon the sightless couriers of the air,*
> *Shall blow the horrid deed in every eye,*
> *That tears shall drown the wind. – I have no spur*
> *To prick the sides of my intent, but only*

> *Vaulting ambition, which o'erleaps itself*
> *And falls on th'other –*
>
> (I, vii, 16-28)[11]

"Morte" (*taking-off*), um eufemismo para destruir (como em "mate seu inimigo", ato II, cena I), está associado com "arriscaríamos" a vida após a morte; mas aqui também, de forma ambígua, se torna uma metáfora para "atingir uma vida espiritual", focalizada no bebê recém-nascido que está rodeado de anjos ("sem dúvida", então capaz de falar significativamente) e dirigindo os cavalos dos ventos (corcéis elementares e veículos da paixão). Duncan se torna piedade, o bebê recém-nascido, protegido pelo querubim (anjos de conhecimento espiritual); e, por sua vez, este se torna uma representação da própria alma de Macbeth, recém-nascida porque recém-vista. Nesta simbólica formação de nuvens (ilustrada por Blake) "corcéis invisíveis" (*sightless couriers*) dirigem seus raios de sentimento contra "os olhos de todas as pessoas", contrastando, assim, com os "auxiliares incorpóreos" (*sightless ministers*) que habitam a névoa de equivocação como a das bruxas, a coberta da escuridão, que somente pode ser atravessada com punhais invisíveis; isto também contrasta com o artificialmente enclausurado "banco de areia da existência", em seu limbo insensível. A poesia desta passagem, portanto, transmite um processo de percepção em Macbeth, alcançado através da abertura de um meio de comunicação interna – o "acesso ao remorso", cuja via Lady Macbeth *havia* prometido fechar. Como uma expressão visual da realidade emocional é, até agora, potencialmente, a mais forte defesa de Macbeth contra cometer o assassinato.

Mas Macbeth é incapaz de traduzir o sentimento, que ele descobrira repentinamente, em termos de argumento ativo; ele ainda é um novato no campo do pensamento. Ele imediatamente regride para um estado passivo de não responsabilidade: "Esporas não possuo, para os flancos picar do meu projeto" – isto é, nada está incitando-o para diante, então não há necessidade de ele prosseguir; os acontecimentos podem ser escolhidos sem que ele se "mexa" (como ele disse anteriormente). Seu próprio cavalo de "ambição" parece sobrepujado pelos divinos e ele está disposto a deixá-los ganhar a corrida – mas sem dar o passo crucial do comprometimento pessoal. Ele está, portanto, duplamente vulnerável quando Lady Macbeth entra, precisamente no momento certo, e se mostra como sendo a "espora" que Macbeth esperava necessitar. Durante a subsequente seção de diálogo, Macbeth se envolve, impotente, em sua armadilha. Ele não tenta transmitir algo da força do sentimento a partir do solilóquio, mas, em vez disso, argumenta que ele não quer perder o "áureo conceito" que acabara de ganhar "junto de toda gente"; ele deseja mostrar, por um tempo, "com o novo brilho, não de lado jogar sem mais nem menos". Macbeth já estava se sentindo desconfortável (embora, lisonjeado) em ser "vestido com a roupagem de outrem" – carregado de honras titulares e pressionado em uma falsa intimidade com o rei; por ora eles satisfizeram sua ambição, e ele esperava apaziguar a ambiciosa "companheira de sua grandeza", sua esposa (ato I, cena V). O tema da roupa falsa que não expressa o homem interior é usado por Shakespeare como o tema da equivocação. Para Lady Macbeth são as exterioridades que fazem o homem, mais do que o inverso. Ela revida furiosamente: "Encontra-se embriagada a esperança que até há pouco nos revestia?". A coroa dourada é a única veste que vale a pena desde que ultrapasse qualquer número de áureos conceitos; ela não está interessada na aparência como um meio de facilitação social, mas apenas no poder que significa, e ela pergunta de forma incompreensível, em seu tardio sonambulismo: "Por que temos medo de que alguém o venha a saber, se ninguém poderá pedir contas a nosso poder?".

Macbeth está condenado, mas ele faz um último esforço para se salvar da degradação que ela está empurrando sobre ele, com as palavras:

> *Pry'thee, peace.*
> *I dare to all that may become a man;*
> *Who dares do more, is none.*
>
> *(I, vii, XX)*[12]

As palavras são poucas, mas significativas, particularmente no contexto mais amplo das imagens da peça. Ele implica que sua própria definição de integridade e virilidade é algo distinta do brilho do conceito dos outros e do poder: algumas ações estão "sendo feitas" e algumas, não, mas sua medida é internamente tomada, não externamente. Mas Lady Macbeth, confrontada com esta rebelião inesperada, rodeia, de forma selvagem, a "besta" de seu marido com sua própria definição de masculinidade como alguém que ousa "fazer" o que fantasia, ao invés de ser "desfeito" por isto; a ocasião, aproveitada de forma oportunista, faz o homem:

> *When you Durst do it, then you were a man;*
> *And, to be more than what you were, you would*
> *Be so much more the man. Nor time, nor place,*
> *Did then adhere, and yet you would make both:*
> *They have made themselves, and that their fitness now*
> *Does unmake you.*
>
> *(I, vii, XX)*[13]

Lady Macbeth afirmava que tinha dominado seu marido através da "ousadia de sua língua"; mas o que ultimamente o subjuga não é seu direto castigo. Ao invés disso, é seu reconhecimento instintivo do calcanhar de Aquiles dele, que ela cedo chamou de "leite de bondade humana", e o qual ela agora interpreta nos termos do bebê recém-nascido de seu solilóquio:

> *I have given suck, an know*
> *How tender 'tis to love the babe that milks me:*
> *I would, while it was smiling in my face,*
> *Have pluck'd my nipple from his boneless gums,*
> *And dash'd the brains out, had I so sworm*
> *As you have done to this.*
>
> (I, vii, XX)[14]

A imagem do bebê deitado estava no âmago de sua rebelião temporária contra ela, resultando na definição de masculinidade que ela achou tão irritante. Macbeth está no máximo de sua vulnerabilidade quando ele começa a pensar por si mesmo; sua capacidade para pensar é, em si, recém-nascida e pouco desenvolvida, e sua passividade habitual o impede de protegê-la. A imagem descarada do infanticídio de Lady Macbeth é tomada por ele (como ela pretendia) como ataque à sua própria alma infantil, seu punhal cortando através de seu cobertor de equivocação. Ele se sente paralisado, com efeito pelo terror, devido ao que ele chama "coragem destemida" dela, sua pseudomasculinidade. Usando a linguagem da admiração – "só deve dar à luz filhos homens" – ele reconhece sua subserviência a ela, como uma bruxa em vestes de mulher, e submete-se a ser recrutado como seu agente. Desta forma, Shakespeare utiliza ironia dramática e ambiguidade poética para perseguir ao máximo as implicações da condição vacilante de Macbeth – as origens da "mente doente" que poderiam ter permanecido obscurecidas pelo manto sombrio da equivocação.

A vida no claustro

Macbeth executa o assassinato em um estado alucinado, como se estivesse entorpecido, conduzido pelo punhal no ar: "já vou, está feito". Deste ponto de vista não é mais ele mesmo, não tem contato com o mundo interno, mas se sente um mero agente ou veículo da mente-bruxa: "conhecer o que fiz ... Melhor me fora se não me conhecesse" (ato II, cena II). Ele permitiu que sua "mão" se tornasse o "punhal" de Lady Macbeth, e tenta executar a clivagem do *self* a partir da ação, o olho da mão, que ele havia postulado anteriormente como um meio de defesa ("que na frente da mão o olho se fecha"), como se não saber ou ver o que ele estava fazendo pudesse, de alguma forma, destacá-lo das consequências do "sucesso". Seu comentário mais sincero em público durante a comoção após o assassinato ser descoberto é, "Foi uma noite muito rude" – recordando a vã esperança de que a desagradável sensação poderia passar, assim como em "Que a hora da alegria chega depois do mais cansado dia". De fato, em seu estado perturbado pouco depois do assassinato, ele ainda é capaz de expressar de forma desconexa, mas poética, sua consciência do dano que sua "mão" infligiu em seu próprio mundo interno:

> *This my hand Will*
> *The multitudinous seas incarnadine,*
> *Making the green one red.*
>
> *(II, ii, 60-2)*[15]

A variedade da vida (transmitida pela polissilábica, "universal") é permeada em todos os aspectos pelo seu correspondente, "púrpura"; enquanto a monossilábica, "antes minha mão" é confirmada por "rubro o que em si mesmo é verde" (relembrando o "feito – feito – feito" ecoado ao longo da peça). Ao invés de se refugiar dos mares da eternidade sobre um banco de areia, a mão que ele gostaria de renegar reduz seu mundo todo em uma monotonia fatal. Vozes gritam para ele que "Macbeth matou o sono! – o meigo sono", a fonte do sonhar fecundo. Ele ouve o suficiente de dentro para confirmar a significância destrutiva do assassinato para si mesmo, mas depois disso, é apenas perseguido pelos sintomas – os "sonhos terríveis", alucinações, terror sem nome, inveja da morte e obsessão por segurança:

> *Better be with the dead,*
> *Whom we, to gain our peace, have sent to peace,*
> *Than on the torture of the mind to lie*
> *In restless ecstacy.*
>
> *(III, ii, 19-22)*[16]

Tendo feito de sua mente uma cama de tortura, ele tem que deitar sobre ela. Lady Macbeth tinha-o insultado para que "aparafusasse sua coragem até o ponto máximo", ao corpo de Duncan; agora ele não pode mais vacilar, mas se acha preso a uma sequência repetitiva à procura de mais pontos máximos para seu "medo":

> *To be thus is nothing, but to be safely thus:*
> *Our fears in Banquo*
> *Stick deep, and in his royalty of nature*
> *Reigns that which would be fear'd: 'Tis much he dares;*
> *And, so that dauntless temper of his mind,*
> *He hath a wisdom that doth guide his valour*
> *To act in safety.*
>
> *(III, i, 47-53)*[17]

Somente agora Macbeth se torna obcecado por sua falta de herdeiros – o "cetro estéril em suas mãos". Como as imagens de Shakespeare nos mostraram, o assassinato de Duncan teve o significado psicológico de infanticídio para os Macbeths, incluindo o sentido de assassinato do pensamento e do sono restaurador da mente: sufocando todas as possibilidades de criatividade em seu relacionamento, e o potencial de um futuro desenvolvimento. Neste sentido, ele de fato não tem herdeiros; Macbeth ainda não reconhece isto por si mesmo, e a "corrupção" de sua mente tem um significado diferente para ele: "para a posteridade de Banquo, tão somente, sujei a alma ... para fazê-los reis, para dos filhos de Banquo fazer reis!" Os herdeiros de Banquo parecem ser a evidência de sua "realeza" e "sabedoria" inatas – aqui estes conceitos já têm um significado degradado, contingente saber como "agir em segurança". Um verdadeiro rei é alguém "seguro", que se certifica de ter herdeiros – não no sentido de um futuro em desenvolvimento, mas no sentido de controle do futuro; seus herdeiros são seus guarda-costas, a garantia de segurança ao preço de um pouco de corrupção. Macbeth é perseguido não pelo remorso, ou mesmo pela culpa (nesta etapa), mas pela suspeita consumista de que ele foi levado a um falso reinado; ele pagou o preço pedido e entregou sua "eterna joia" ao "inimigo comum do homem", mas lhe foram devolvidos bens defeituosos, com características de segurança defeituosas e nenhuma garantia.

Seu reinado de terror começa, portanto, com o caráter de uma operação maciça de limpeza, projetada para corrigir sua posição, que é "pouco firme". E dessa vez não haverá corrupção, nenhuma vantagem no pagamento; será um serviço limpo. Pois os ideais de segurança e de purificação são concorrentes e ambos eufemismos para assassinato, em termos de fantasia de que a corte não deve ser muito suja com os inimigos do rei. Macbeth agora se contrai de usar suas próprias mãos sujas. A fim de separar "olho" de "mão" ainda mais, ele contrata três assassinos para se livrar de Banquo e de seu filho, Fleance, na crença ingênua de que ele possa abnegar-se da responsabilidade: então depois, quando o fantasma de Banquo aparece para ele, apressadamente se desculpa, "dizer não podes que fui eu que fiz isso". É também necessário para sua fantasia que os assassinos dissessem que estavam cometendo o crime em seu próprio nome, como partes lesadas, como ele próprio. Usando a linguagem do tirano ideológico, Macbeth os amedronta dizendo como Banquo é seu inimigo odiado, que "sua mão pesada à sepultura os fez vergar e para todo o sempre os arruinou a casa"; eles não somente devem matá-lo, mas devem "querer" matá-lo, para o bem do estado e pelo amor do rei – um ato "de cujo cumprimento resultará ficar vosso inimigo supresso" e "vós mais presos à nossa gratidão e nosso afeto" (ato III, cena I). A linguagem da manipulação política é baseada na desvalorização de conceitos, como "crescimento", "afeto" e "liberdade". Ele se utiliza de argumentos não tão diferentes daqueles que Lady Macbeth usara com ele; e eles responderam como ele o fizera: "Somos homens, meu suserano" – que evoca o "catálogo" de Macbeth de homens-cães:

> *Ay, in the catalogue ye go for men;*
> *As hounds, and greyhounds, mongrels, spaniels, curs,*
> *Shoughs, water-rugs, and demi-wolves, are clept*
> *All by the name of dogs.*
> (III, i, 91-4)[18]

Macbeth reivindica que o assassino deve elevá-los do "pior grau da masculinidade"; mas, diferente dele, eles possuem pelo menos a virtude de reivindicar ser não mais do que matadores de aluguel, cuidando da própria vida, dispostos a cumprir as ordens sujas de seu governante. Assediando-os até aquiescerem em sua fantasia de pureza e hipocrisia, Macbeth afunda para uma posição muito mais baixa que a deles. A equivocação se tornou para ele um meio de degradar os outros de forma sistemática, mais do que meramente algo para se esconder atrás.

A busca de "segurança" toma assim, as características da ideologia política e falsa arte ou obsessividade fecal. Macbeth quer sua coroa – sua posição na hierarquia – para estar seguro, limpo, perfeito. Ele demanda que seja "sem mancha" o assassinato de Banquo, sem "o menor senão no trabalho"; e tendo escutado que Fleance fugiu, ele se sente preso por esta falha na perfeição do mármore que o constitui:

> *Then comes my fit again: I had else been perfect;*
> *Whole as the marble, founded as the rock,*
> *As broad and general as the casing air;*
> *But now, I am cabin'd, cribb'd, confin'd, bound in*
> *To saucy doubts and fears. – But Banquo's safe?*
> (III, iv, 19-24)[19]

O fantasma de Banquo retorna na forma de uma alucinação vingativa, ameaçando, não da vingança leve da morte (um tipo de segurança e perfeição), mas do terror do pesadelo do desapossamento: espremendo Macbeth em seu lugar à mesa, de modo que – ele acredita – não há lugar para ele sentar. Banquo está "seguro" no sentido do morto, mas não no sentido de que sua imagem "partirá" ou fora apagada. Ao invés da eliminação de Banquo, é Macbeth quem é primeiro comprimido ("preso, barricado, metido num curral") e, então, evacuado para não existência. Macbeth é presa de sua própria equivocação, conforme o fantasma vem e vai diversas vezes, respondendo a seu convite para "nosso querido amigo Banquo, que não está conosco". Sempre que ele aparece, Macbeth acha que seu assento (o lugar de sua própria coroa) está bloqueado pela "coroa" sangrenta fecal do cadáver mutilado de Banquo – os "vinte fatais golpes na cabeça" causando "vinte feridas na cabeça". A solidez desta aparição literalmente "empurra" Macbeth "de sua cadeira". É justiça poética com uma vingança. Shakespeare esclarece a ligação entre o "fazer" (do assassinato – nesta estenografia eufemística da peça) e a defecação, através da ambiguidade da reprimenda de Lady Macbeth: "Feita a conta, só olhais uma cadeira". Por um período curto, de fato, Macbeth se põe acima de seu medo, se perguntando sobre o aspecto metafísico da situação.

> *The time has been,*
> *That, when the brains were out, the man would die,*
> *And there an end; but now, they rise again,*
> *With twenty mortal murthers on their crowns,*
> *And push us from our stools. This is more strange*
> *Than such a murther is...*
>
> *(III, iv, 77-82)*[20]

A estranheza desta intimidade falsa com o morto Banquo é correlativo poético de sua falsa intimidade com o morto Duncan; isto apresenta o verdadeiro caráter de sua usurpação e "sucesso", e por um momento Macbeth está perplexo, já que ele não tinha imaginado (mais do que sua esposa) a natureza da "justiça serena" (retaliação) como algo decorrente de sua própria consciência. Eles sabiam que existia algo como "remorso", que podia ser "tapado", mas não que esta constipação mesma iria evocar um mundo de ilusão. Lady Macbeth é a primeira a ver a aproximação da loucura, olhando para seu marido após o assassinato de Duncan e então com o fantasma de Banquo; mas sua única defesa é parar de "pensar" sobre as "ações", pois "é de deixar-nos loucos" (ato II, cena II); na realidade, a incapacidade de pensar é o que precipita sua loucura. Seus "pensamentos" tinham, na realidade, "morrido, com quem se relacionam" (ato III, cena II).

O "espanto" de Macbeth com esta estranheza é transitório, "como uma nuvem de verão", uma vez que ele, como sua mulher, não possui meios de investigar seu significado, com sua comunicação interna bloqueada. Ele é conduzido às bruxas, como um viciado em heroína em relação à agulha, para mais injeções do que ele sabe ser ruim para ele ("maldito quem quer que lhes dê crédito"), na procura do pseudoconhecimento que dará a ele uma proteção ilusória do futuro:

> *For now I am bent to know,*
> *By the worst means, the worst. For mine own good,*
> *All causes shall give way: I am in blood*
> *Stepp'd in so far, that, should I wade no more,*
> *Returning were as tedious as go o'er.*
> *Strange things I have in head, that will to hand,*
> *Which must be acted, ere they may be scann'd.*
> *(III, iv, 133-9)*[21]

O modo de argumento de Macbeth agora se tornou uma série de *slogans* banais, racionalizada sob o título de necessidade política, como o único procedimento corajoso em tempos difíceis. Ele se equivoca na palavra "pior" (*worst*), como se ele estivesse enfrentando de forma heroica os mais dolorosos acontecimentos – disfarçando o que realmente está vinculado aos "piores meios" (*worst means*); ele finge estar tomando medidas desagradáveis "para sua salvação"; a imagem do rio de sangue (retórica política clássica) é usada para pular o significado deste "seguir à frente" – que é continuar a cometer assassinatos – também para disfarçar a impossibilidade de "recuar" (*returning*); ele está preparado para assumir o peso "imprudente" (*tedious*). Finalmente, a "ideia pervertida" (*strange things*) em sua mente (como as "imagens estranhas de morte" do campo de batalha), que ele acabara de ver exemplificada na cena com o fantasma de Banquo, é mascarada como ideia que insiste ser concretizada – ela "urge ser concretizada": uma metáfora nascente que é novamente um eufemismo para assassinato. Através desta pseudológica, Macbeth perpetra a mentira-dentro-da-alma de que ele está preparado para sacrificar seu conforto aos interesses da necessidade política. Até que aquela "ideia" desconfortável em sua cabeça seja "concretizada", ele não pode "examinar" (*scan*) a informação contida nela e obter uma visão geral para o funcionamento eficiente do estado – previsões confiáveis do curso das coisas serão e devem ser feitas no futuro.

Este é o estado de mente no qual Macbeth retribui mais uma visita às bruxas. Sua esposa não adianta mais neste exame-através-da-ação (na realidade, ele nunca mais fala com ela na peça); ele precisa acessar o computador central. As bruxas amavelmente respondem, de acordo com seu desejo de ser incitado. Elas mostram a ele as linhas de descendentes de Banquo, o que enche Macbeth com a determinação específica de assassinar instantaneamente e automaticamente todos aqueles que o lembram que ele tem um cetro estéril em sua mão, uma coroa pouco segura:

> *From this moment,*
> *The very firstlings of my heart shall be*
> *The firstlings of my hand. And even now,*
> *To crown my thoughts with acts, be it thought and done:*
> *The castle of Macduff I will surprise;*
> *Seize upon Fife; give to th' edge o' th' sword*
> *His wife, his babes, and all unfortunate souls*
> *That trace him in his line. No boasting like a fool;*
> *This deed I'll do, before this purpose cool:*
> *But no more sights!*
>
> (IV, i, 146-55)[22]

Para Macbeth, sua condição de falta de herdeiros é a fonte de sua insegurança e impotência, de sua falha em se tornar um rei seguro apropriado; para Shakespeare, isto é um símbolo para seus processos deformados de pensamento. Ambos os significados mostram claramente, nesta fala, o decréscimo do progresso de Macbeth. Falando de modo pouco claro, "firstlings", para dar uma impressão de que se refere a primogênitos, implicando ter, em seu coração, crianças e a mente de uma criança, e que era hora de ter confirmada sua posição, por sua própria mão; e dever-se-ia "coroar com atos" tudo aquilo que ele pensava. Seus concorrentes devem ser aniquilados, apagados do mercado, retirados da tela – "Basta de aparições!". Esta é sua resposta para a "coroa" do fantasma de Banquo: como se o plano fecal de seu próprio cérebro refletisse claramente um verdadeiro rei (com herdeiros), contra o qual ele deve se opor – igualar-se e substituir. No dialeto de Macbeth, "senãos" (*rubs and botches*) na instituição do reino não são lugares onde um assassinato foi encenado, mas são lugares onde um assassinato não foi cometido ou completado. A fim de que seja seguro, limpo e perfeito, o processo de coroação deve ser acelerado, feito de forma eficiente ("ameaças não farei"). Não pode haver espaço entre impulso e ação: "pensa-se – e aí, faz-se o que se pensa"; assim como o refrão das bruxas mexendo seu caldeirão é: "o farei, o farei e farei". Shakespeare demonstra de forma devastadora como a falha de imaginação de Macbeth, sob a égide da onisciência, prejudica sua capacidade de pensar, e como a linguagem do enganador político escorrega para a do exterminador fascista.

Saída do claustro

Neste ponto, durante o quarto ato da peça, o avanço das ações é mitigado através de dois episódios nos quais há uma tentativa de pausa para pensamento: na casa de Lady Macduff e na corte monástica do rei inglês onde as forças da rebelião estão reunidas.

A batida no portão do castelo imediatamente após o assassinato de Duncan marcou um inferno de equívoco; ao mesmo tempo, a aproximação de Macduff (que tinha sido significativamente deixado de fora no momento preciso do assassinato) anunciou o início de um longo processo de libertação do claustro, para a mente da Escócia como um todo. Shakespeare agora apresenta todo um padrão de relações reciprocamente ambíguas, que tanto conquistam o significado do claustro quanto descrevem um meio de se livrar dele. O interior do castelo de Macduff representa o outro lado da feminilidade pervertida de Lady Macbeth: ele cumpre a promessa do castelo de Macbeth como parecia originalmente para Duncan e Banquo, como um "ninho" para pássaros incipientes, abrigando seus herdeiros e suas características de criação, das quais Macbeth é estéril. Então o equívoco de Macduff ao bater nos portões do inferno recebe um contraste poético no momento de sua saída de casa, deixando sua feminilidade (como o leite de bondade humana de Macbeth) desprotegida e aberta à destruição. Em termos simbólicos, Macduff também é afetado pelo ar predominante de traição e busca de "sucesso" para si próprio: Macbeth paga de forma cínica com sua "eterna joia", e Macduff paga impensadamente com a vida de sua família, mas quando o faz, está batendo do lado de fora, não aprisionado do lado de dentro como Macbeth – uma posição a partir da qual é possível uma reversão.

Quando conhecemos Lady Macduff, seu marido já tinha fugido para se salvar, e seu primo, Ross, está a ponto de segui-lo, ficando apenas tempo suficiente para tentar colocar como pretexto da fuga de Macduff, sua "prudência" – que Lady Macduff, atravessando o equívoco, diagnosticado como "medo":

> *Wisdom! To leave his wife, to leave his babes,*
> *His mansion, and his titles, in a place*

> *From whence himself does fly? He loves us not:*
> *He wants the natural touch; for the poor wren,*
> *The most diminutive of birds, will fight,*
> *Her young ones in her nest, against the owl.*
> *All is the fear, and nothing is the love;*
>
> *(IV, ii, 6-12)*[23]

A única desculpa que Ross pode oferecer em nome de Macduff, antes de escapar ele mesmo, é que nestes tempos "traidores somos sem o sabermos" – exatamente como Macbeth tinha decidido anteriormente "não saber de si". Especificamente, é um desconhecimento sobre a própria feminilidade, que resulta em uma fraca ou traiçoeira masculinidade, escondendo-se sob a égide da mente-bruxa pervertida. Coleridge viu esta cena como um alívio da atmosfera do resto da peça devido a sua domesticidade, apesar do final violento; é também um alívio devido a sua franqueza e à rejeição da equivocação. A conversa entre Lady Macduff e seu filho, sobre a natureza e definição de traição, é o único diálogo inteligente na peça. Lady Macduff fala de forma ambígua, não equivocada, sobre o destino desconhecido do marido, deixando que o filho interprete suas palavras de acordo com o entendimento dele – que é o de que seu pai não está realmente "morto", mas que se sua mãe não quer chorar por ele, é certamente um sinal de que ela em breve lhe dará outro (e melhor) pai. O assassinato da criança no palco, em frente à sua mãe, corresponde à imagem do infanticídio de Lady Macbeth, confirmando seu significado subjacente, de um ataque sobre a imaginação e o desenvolvimento mental.

A imagem é correspondente, mas também uma inversão e uma revelação, em termos do drama global da peça como uma história de uma mente. Desta vez, o significado do ataque à feminilidade e ao mundo interno é filtrado através de Macduff, na forma de uma tristeza íntima. Macduff nunca esteve preso verdadeiramente dentro do claustro – o castelo, ou seu salão de banquetes, ou a cerimônia de coroação em Scone, ou na verdade, sua própria sala de estar; ele sempre foi uma figura que está à beira, nunca está lá quando "algo" acontece, no momento do sucesso assassino. Diferente de Macbeth, ele não é uma presa para Lady Macbeth quando confrontado com o conceito de infanticídio (na verdade, durante o segundo movimento da peça, ela está incapacitada). Ao invés disso, ele se colocou sob a rigorosa supervisão moral do rei inglês: se submetendo a uma prova formal de traição por Malcolm, filho de Duncan. A corte inglesa, com sua atmosfera de santidade religiosa, é um tipo de monastério, dedicado à cura de misteriosas doenças, conhecidas como o "mal do rei" – que significa, no contexto da peça, o mal da ambição estúpida. Pela primeira vez a figura de um "médico" aparece. A corte inglesa não é um lugar de pensamento criativo com a ousadia imaginativa que a ele se vincula, mas de circunspecção piedosa – nunca tentada à "confiança absoluta" na fidelidade política, a qual condenou o rei Duncan. É um lugar onde os "demônios pintados" temidos pelo "olhar da criança", e desprezados por Lady Macbeth, são levados a sério – em larga escala, na forma de políticos da Escócia. O estranho, prova solene de traição, que Malcom conduz friamente sobre Macduff, tem ar de um catecismo religioso, em vez de um realismo psicológico ou político. Ninguém podia acreditar verdadeiramente na encarnação monstruosa dos pecados mortais que Malcom representa em si mesmo. Ainda assim, estas são as condições necessárias para o aspecto da mente de "Macduff" receber a mensagem das últimas devastações de "Macbeth", e a devastação que ele tinha forjado em sua terra natal interna ("não nossa terra natal, mas nosso túmulo"). A prova está completa quando Macduff é "tocado" – pela chegada das notícias do assassinato de sua família: uma resolução da tensão esperada pela audiência ao longo da cena. Shakespeare, assim, apresenta fatos de tal maneira que um aparenta ser uma precondição para o outro. Macduff passa pelo primeiro estágio da prova, mas apenas está equipado para o próximo estágio – que na verdade vai além da tutela de Malcom – quando reconhece sua própria pecaminosidade, responsável pela morte de sua própria família interna: "Depravado Macduff! / Por tua causa assassinados todos eles foram" (ato IV, cena III). Malcolm diz a ele para "como homem, resisti", para o que Macduff responde:

> *É o que farei;*
> *Mas preciso também sentir como homem.*

Em palavras que ecoam e o reparam a tentativa anterior de Macbeth de se definir sua masculinidade, esmagado por Lady Macbeth. Finalmente, a função do "sentimento" atingiu reconhecimento explícito do conceito de virilidade. Macduff agora está pronto para destruir seu alter ego destrutivo, o "infernal abutre" e "demônio da Escócia"; ele também foi um tipo de traidor e deve retornar para confrontar-se com Macbeth face a face:

> *Face a face,*
> *Com o demônio da Escócia me coloco.*
>
> (ato IV, cena III)

Nesta vingança face a face, Macduff finalmente leva alívio a Macbeth, que está num estado de nulidade desesperadora, alheio à esperança e ao medo, preso pela onisciência ilusória da mente-bruxa que, ele acredita, "os processos mortais mui bem conhecem" (ato V, cena III). Este aprisionamento assume a forma de sua incapacidade de esperar que a morte seja possível, para alguém que já "viveu tempo suficiente"; ele está preso na expectativa de uma "velhice" eterna de maldições e ódio. Novamente, Macduff bate no portão do claustro de equivocação, desta vez no inexpugnável castelo de Dunsinane, e sua vítima é libertada através da morte. A própria "mente perturbada" de Macbeth é refletida nisto, de sua "parceira na grandeza", sua esposa, conforme em seu sonambulismo alucinado ela revive o assassinato original. Incapaz de sonhar, suas emoções reprimidas a assombram na forma de elementos ou "manchas" venenosos e indigestos, da mesma forma que Macbeth foi confrontado pela "coroa" ensanguentada do fantasma de Banquo:

> *Out, damned spot!... Hell is murky. Fie, my Lorde, Fie!*
> *A soldier, and afeard? – What need we fear who knows it,*
> *When none can call our power to accompt? – Yet who would*
> *Have thought the old man to have had so much blood in him?*
> *... Here's the smell of the blood still: all the perfumes of*
> *Arabia will not sweeten this little hand... To bed, to bed:*
> *There's knocking at the gate. Come, come, come, come, give*
> *Me your hand. What's done cannot be undone. To bed, to*
> *Bed, to bed.*
>
> (V, i, 34-65)[24]

Lady Macbeth nunca avaliou que aquele inferno era uma condição interna em vez de figuras em um livro de catecismo; sua coragem foi de tipo espúrio, resultante de uma falta de imaginação. Ela não poderia imaginar as consequências de convidar a "doença" mental para preenchê-la, substituindo leite por fel – a infusão das bruxas. Quando ela puniu Macbeth com "um pouco de água para das mãos tirar as testemunhas ... lave essa água imunda de suas mãos", ela não tinha ideia da literalidade com a qual as mentiras, como verdades assassinadas, poderiam envenenar a mente;

o "velho" cheio de sangue agora se vinga de sua "mão" na forma de outra testemunha imunda. Todas as suas suposições e momentos falsos de recolhimento irreflexivo sobre ela, na forma de "mancha amaldiçoada" – sentimentos assassinados que ela esperava expelir ou evacuar, mas não pode metabolizar mentalmente. Sua crença simplista no "poder" foi desfeita quando ela perdeu o controle sobre seu marido e viu a "loucura" vindo em sua direção, com a severidade equivalente à sua própria perda de onipotência. Shakespeare mostra como a coragem, a austeridade e a masculinidade, tão ostentadas por Lady Macbeth, são uma forma de estupidez que a incapacitam quando confrontadas com qualquer fato da vida real fora de seu controle; ela não tem meios de funcionar através de uma inversão de expectativa – apenas no refrão de senso comum "O que está feito não pode ser desfeito". A ilusão de controlar o futuro a impede de ter qualquer futuro. Mas em seu total isolamento, com a passagem para o remorso (a chave para uma vida futura) ainda barrada, ela, no entanto, demonstra uma maior necessidade de comunicação do que até agora demonstrara: a "mãozinha" parece ser parte de seu corpo, não apenas uma máquina de segurar uma faca; "me dê sua mão" ecoa as palavras de Duncan para ela quando ele entrou a princípio em seu castelo; e seu convite "para o leito" sugere seguir a convocação da "batida no portão" para um local final de descanso.

Macbeth assiste seu progresso atentamente, reconhecendo, embora não simpatizando com todos os sintomas de seu próprio mundo interno perturbado – como demonstrado pela curiosidade atípica de sua pergunta ao médico: "Não podes encontrar nenhum remédio para um cérebro doente?" (ato V, cena III). A ambiguidade do termo "remédio" mostra que Macbeth entende muito bem que um remédio de um caráter "divino" ou religioso seria necessário, e que ele não poderia ser aplicado como uma droga ou uma dose de espírito de bruxas, mas necessitaria que "Para isso deve o doente achar os meios". Ele choraminga "Então atira aos cães a medicina"; e vai vestir sua armadura; mas este já é um sinal do início de que ele começa a acordar de seu paralisante desespero. A batida no portão começa a impregnar. O primeiro sinal ocorre quando um jovem criado traz a Macbeth a notícia da aproximação do exército inglês. No contexto de sua paralisia mental total, uma centelha única de um despertar de medo parece ser objetivada na face do garoto, quem Macbeth chama com desdém de "cara de leite", "fígado de lírio", "cara de coalhada", usando adjetivos para brancura que nos lembram de seu "leite" de bondade humana perdido. Macbeth diz a ele "tira sua cara daqui" – indicando sua perturbação frente a este contato possível com seu próprio eu-infantil encolhido dentro de si, não reconhecido. Então, após Lady Macbeth seguir a batida "para o leito", e Macbeth ouvir o "choro das mulheres" antes que o suicídio dela seja anunciado, ele parece despertar ainda mais de sua apatia, dizendo "quase esqueci que gosto tem o medo". O gosto do medo traz uma nova esperança de que a morte pode ser possível no final das contas, como ela foi para sua esposa:

> *Tomorrow, and tomorrow, and tomorrow*
> *Creeps in this petty pace from day to day,*
> *To the last syllable of recorded time;*
> *And all our yesterdays have lighted fools*
> *The way to dusty death. Out, out, brief candle!*
> *Life's but a walking shadow; a poor player,*
> *That struts and frets his hour upon the stage,*
> *And then is heard no more; it is tale*
> *Told by an idiot, full of sound and fury,*
> *Signifying nothing.*
>
> *(V, v, 19-28)*[25]

O último solilóquio de Macbeth é um reconhecimento inspirado do significado da insignificância, obtido por uma tradução poética do espetáculo do sonambulismo de sua mulher sobre o palco com sua vela, em termos da "sombra ambulante" da vida, assim como ela obscurece o seu (dele) próprio sentimento de não existência. Em breve, depois disto, Macbeth começa a "suspeitar do equívoco do demo que mente sob a capa da verdade", e ele procura por sinais de sua própria libertação vindoura, começando com Birnam Wood. Superficialmente, é uma força que irá superá-lo, mas é na verdade um encontro pessoal, que tem algum significado para ele, no qual ele sente que pode confrontar as bruxas face a face, assim como Macduff vem confrontá-lo. Pois, ao contrário da total falta de *insight* de Lady Macbeth sobre seus sintomas, a "morte" de Macbeth é, em essência, uma inversão religiosa através da pessoa de seu alter-ego, Macduff. Embora Macduff pudesse ser descrito equivocadamente como "não nascido de uma mulher", a relação deles é essencialmente ambígua, são dois lados de uma natureza. Na realidade, Macbeth se rende a ele, pois ele é o lutador mais forte e está ganhando até Macduff se identificar de um jeito que permite que Macbeth seja assassinado pela imagem ou pela ideia, em vez de ser pela simples força. Através deste desvio ou "morte", a mente de Macbeth-Macduff emerge do claustro em uma atmosfera de piedosa vingança. O estado da Escócia, sobre o qual ele tentou empunhar controle onipotente com consequências catastróficas, é entregue ao herdeiro de Duncan, Malcolm, que foi bem educado e rigorosamente criado, mas sem a ingenuidade infantil de seu pai. Os claustros da corte inglesa o ensinaram a observar, mas não participar dos caminhos do mundo.

Porém, não há garantia de que esta será uma solução profunda ou permanente para os problemas da Escócia. Pelo contrário, os valores e a atmosfera do final da peça relembra de forma assustadora aqueles do início. Novamente a Escócia fica ao alcance de um traidor sedento de sangue e é renovada para a linha do bom rei Duncan. No contexto da batalha, os mesmos lemas sobre honra e valor emergem para justificar mortes sem motivo: como para a satisfação do velho Siward é que seu filho foi morto por Macbeth com os ferimentos em sua fronte: "Ele não vale mais nada / Dizem que ele partiu bem e pagou sua dívida". A cabeça de Macbeth aparece na ponta de um mastro para ser a "mostra e contemplação do momento", assim como Macbeth tinha prendido a cabeça do "impiedoso Macdonwald" em suas ameias. Chamar Macbeth de "abutre infernal" e sua esposa de "demônio" pode satisfazer a prestação de contas com o público, e fazer possíveis novamente, por um período, o cotidiano e a vida familiar, mas isto não compreende a profundidade do problema nem cura as feridas da mente. O toque miraculoso do rei inglês, envolto em profecias santas, serve fundamentalmente para demarcar uma área que Shakespeare explorará mais profundamente e imaginativamente mais tarde nas peças românticas, particularmente no "Conto de Inverno" ("The Winter's Tale"): isto é, a libertação da mente de sua onipotência insensível por meio de divindades internas criativas, antitéticas às bruxas. Pois a marcha de Birnam Wood é quase uma caricatura do renascimento das forças naturais boas e verdes, uma ideologia estática própria; e de fato, o médico que tem lugar tanto na corte inglesa quanto escocesa pode apenas dizer que ficou "assombrado" com o estado de Lady Macbeth, mas perdido se o paciente não puder "curar a si mesmo". E o aspecto principal da façanha de Shakespeare em *Macbeth* consiste em sua demonstração de como a "mente perturbada" não pode ser verdadeiramente curada pelo "*self*" do paciente; ela pode renunciar a dominância para uma parte mais saudável do *self* – que seja boa, amável e moral –, mas não pode ser transformada, para se tornar uma parte útil e integrante do desenvolvimento futuro da personalidade, a menos que um modo mais radical e resiliente de pensamento criativo seja estabelecido.

Notas

1. "que nos há de legar dias e noites de alegria, de mando soberano e de valia" (ato 1, cena V).

2. "O inferno traz em si, de si em torno

   Não pode um passo dar fora do inferno

   Porque, onde quer que vá, leva-o consigo!" (*Paraíso Perdido*, Livro IV).

3. "São iguais o belo e o feio; andemos da névoa em meio" (ato I, cena I)

4. "Duplos, trabalho duro e problemas duplos."

5. "cheia de leite da bondade humana" (ato I, cena V).

6. Deusa da Guerra, termo de origem etrusca, depois utilizado em Roma.

7. "Duas verdades foram ditas, prólogo feliz do ato elevado, cujo tema é simplesmente real... Essa solicitação tão sobrenatural pode ser boa, como pode ser má... Se não for boa, por que me deu as arras de bom êxito, relatando a verdade? Sou o Thane de Cawdor. Sendo boa, por que causa ceder à sugestão, cuja figura pavorosa os cabelos me arrepia... Meu pensamento no qual o crime por enquanto é apenas um fantasma, a tal ponto o pobre reino de minha alma sacode, que esmagada se torna a vida pela fantasia, sem que haja nada além do que não é" (ato I, cena III).

8. "Rouco está o próprio corvo que crocita a chegada fatídica de Duncan à minha fortaleza" (ato I, cena V).

9. "Vinde, espíritos que os pensamentos espreitais de morte, tirai-me o sexo, cheia me deixando, da cabeça até os pés, da mais terrível crueldade! Espessai-me todo o sangue; obstruí os acessos da consciência, porque batida alguma compungida da natureza sacudir não venha minha hórrida vontade, promovendo acordo entre ela e o ato. Ao feminino peito baixai-me, e fel bebei por leite, auxiliares do crime, de onde as vossas substâncias incorpóreas sempre se acham à espreita de desgraças deste mundo. Vem, noite espessa, e embuça-te no manto dos vapores do inferno mais sombrios, porque as feridas meu punhal agudo não veja que fizer, nem o céu possa espreitar através do escuro manto e gritar: "'Para, para!'" (ato I, cena V).

10. "Se feito fosse quanto fosse feito, seria bom fazê-lo de pronto. Se o assassínio enredasse as consequências e alcançasse, com o fim, êxito pleno; se este golpe aqui fosse tudo, e tudo terminasse aqui em baixo, aqui somente, neste banco de areia da existência, a vida de após morte arriscaríamos" (ato I, cena VII).

11. "Esse Duncan, por fim, tem revelado tão brandas qualidades de regente, seu alto ofício tem exercitado por maneira tão pura que suas claras virtudes hão de reclamar, sem dúvida, contra o crime infernal de sua morte. E a piedade, tal como um recém-nado despido, cavalgando a tempestade, ou querubim celeste que montasse nos corcéis invisíveis das rajadas, há de atirar esse ato inominável contra os olhos de todas as pessoas, até que o vento as lágrimas afoguem. Esporas não possuo, para os flancos picar do meu projeto, mas somente a empolada ambição que, ultrapassando no salto a sela, vai cair sobre outrem" (ato I, cena VII).

12. "Paz, te peço. Ouso fazer tudo o que faz um homem; quem fizer mais, é que deixou de sê-lo" (ato I, cena VII).

13. "Quando ousastes fazê-lo éreis um homem, e querendo ser mais do que então éreis tanto mais homem a ficar viríeis. Lugar e tempo então não concordavam; no entanto, desejáveis ajeitá-los; e ora que se acomodam por si mesmos, essa boa vontade vos abate!" (ato I, cena VII).

14. "Já amamentei e sei como é inefável amar a criança que meu leite mama; mas no momento em que me olhasse, rindo, o seio lhe tirara da boquinha desdentada e a cabeça lhe partira, se tivesse jurado, como o havíeis em relação a isso" (ato I, cena VII).

15. "antes minha mão faria púrpura do mar universal, tornando rubro o que em si mesmo é verde" (ato II, cena II).

16. "Muito melhor nos fora estar com o morto que, para nossa própria paz, mandamos para o seio da paz, do que vivermos no banco de tormento de nossa alma, numa angústia sem fim" (ato III, cena II).

17. "Ser rei assim, é nada; é necessário sê-lo com segurança. É muito grande nosso medo de Banquo; em sua postura soberana domina qualquer coisa que deve ser temido. E corajoso como poucos e à têmpera indomável do espírito une uma sabedoria que faz o valor no alvo acertar sempre" (ato III, cena I).

18. "Sim, passais por homens no catálogo, como os perdigueiros, os galgos e os mastins, alãos e gosos, molossos, braços, dogues e rafeiros também de cães, por junto, são chamados;" (ato III, cena I).

19. "Volta-me, então, o acesso. Não fora isso, e eu estaria bom, firme qual rocha, inteiro como o mármore, tão largo, tão vasto e universal como o ar ambiente. Mas agora estou preso, barricado, metido num curral, atado ao poste do medo das angústias insolentes. Mas Banquo está seguro?" (ato III, cena IV).

20. "Já houve tempo em que, saltado o cérebro, morria de vez alguém e... tudo estava feito. Mas os mortos, agora, se levantam com vinte fatais golpes na cabeça e de nossas cadeiras nos empurram. É mais estranho do que o próprio crime" (ato III, cena IV).

21. "pois estou decidido a saber tudo pelos piores meios. Para minha salvação tudo tem de abrir caminho. A tal ponto atolado estou no sangue que, esteja onde estiver, tão imprudente será recuar como seguir à frente. Tenho em mente uma ideia pervertida, que urge concretizar numa investida" (ato III, cena IV).

22. "Doravante ser-me-ão os primogênitos do coração também os primogênitos do braço. E agora mesmo, porque fiquem coroadas as ações com os pensamentos, em prática ponhamos essa ideia. Vou surpreender o burgo de Macduff, de Fife apoderar-me, sua esposa passar à espada, os filhos e, assim, todas as almas desgraçadas de sua raça. Ameaças não farei qual um demente; dobra-se o ferro enquanto ele está quente. Basta de aparições!" (ato IV, cena I).

23. "Prudência? Abandonar a esposa e os filhos, a casa, as dignidades, numa parte de onde ele mesmo foge? Não nos ama; não possui coração. A carricinha – dos passarinhos o de menor porte – em defesa da prole no seu ninho briga com a coruja. O medo é tudo, nada o amor..." (ato IV, cena II).

24. "Sai mancha amaldiçoada! Sai! Estou mandando. Um dois... sim, já é tempo de fazê-lo. O inferno é sombrio... Ora marido! Ora! Um soldado ter modo? Por que termos medo de que alguém o venha a saber, se ninguém poderá pedir contas a nosso poder? Mas quem poderia imaginar que o velho tivesse tanto sangue no corpo?... Aqui há ainda odor de sangue. Todo o perfume da Arábia não conseguiria deixar cheirosa esta mãozinha... Para o leito! Para o leito! Estão batendo no portão. Vinde, vinde! Dai-me a mão. O que está feito não está por fazer. Para o leito, para o leito, para o leito!" (ato V, cena I).

25. "O amanhã, o amanhã. Outro amanhã, dia a dia se escoam de mansinho, até que chegue alfim, a última sílaba do livro da memória. Nossos ontens para os tolos a estrada deixam clara da empoeirada morte. Fora! Apaga-te candeia transitória! A vida é apenas uma sombra ambulante, um pobre cômico que se empavona e agita por uma hora no palco, sem que seja, após, ouvido; é uma história contada por idiotas, cheia de fúria e muita barulheira, que nada significa" (ato V, cena V).

Índice remissivo

Abraham, Karl, 10, 13, 19, 23-24, 29-30, 34, 100, 159, 186
  modelo de mente, 10, 159
  na hipocondria, 100
  teoria psicanalítica da libido, 19
adicção, 41, 129, 192, 200, 206
adolescência
  analista e, 161, 210,
  comunidade de, 123-126, 128, 196, 199, 123-125
  formação de gangue por, 66
  identificação projetiva com, 59, 147
  natureza de, 25
  senso de injustiça, 176
afeto, teoria do, 67, 82, 87-88, 204
alegria de viver (*joie de vivre*), 204
"Além do princípio do prazer" (Sigmund Freud), 63
alfa, função 70, 82, 85, 88, 160
"Alguns tipos de caráter encontrados no trabalho psicanalítico" (Sigmund Freud), 63
amor, 18, 49, 67, 76, 82, 94, 110, 118, 125, 133, 170, 180, 190, 193, 200, 204, 237, 255
anal, masturbação, ver também masturbação 10, 22-26, 29, 34-37, 41-42, 46, 58, 128
bebês, 23
  com as duas mãos, 26
  de natureza oculta, 27, 34, 37, 199
  estudo de casos, 34, 42, 74, 168
  fezes, 23-24, 32-33, 37
  hábito mais comum, 23
  identificação projetiva e, 42, 58
  sexo genital e, 25, 29, 34, 126
  sonhos e, 27
  trocadilhos, 32
analidade, 23, 42
análise
  adolescentes, 30, 59, 66
  analisando e, 37-38, 111, 137, 218
  crianças e, 23, 28, 34, 44, 46, 49, 51, 53, 57, 60, 84, 94, 116, 137, 159, 161, 168, 183, 186
  interrupção pelos pacientes, 37, 47
  pacientes com vínculos com a análise, 82-85, 163, 204
  papel da, 51, 54, 56, 105, 107, 152
  processos cíclicos, 47
  sonhos e, 27, 32-33, 108
  qualidades especiais, 160, 174
  transferência e, 46, 57, 177
ansiedade, 16-17, 25-26, 33-34, 37, 40, 46-48, 50-51, 53-56, 60, 63-64, 74-75, 90-91, 103, 124, 140, 143,

146, 177, 181, 211
ânus, 23-26, 30, 33-34, 103, 205
"Apreensão do belo, A" (Donald
  Meltzer e Meg Harris Williams),
  12, 73, 82, 100, 102, 175, 203
  Freud, Bion e, 82, 203
  Klein e, 100
  material clínico, 73, 82
  processos de clivagem, 10-11,
    13-14, 66, 69, 82, 88, 153, 160,
    174-177, 187, 189, 197
  terminologia, 82
assassinado, 217, 246, 248, 250
atenção, 37, 44, 48, 59-60, 67, 69, 103,
  119, 155, 160-161, 164, 171, 175,
  177, 179, 181, 186, 203, 206, 209
autismo, 61, 71, 87

*Bartleby, o Escrivão: uma história de
  Wall Street* (Herman Melville), 121
  esboço dos grupos de
    pressupostos básicos, 128
  homem é a medida, 156
  líder natural de, 128
  "organização narcísica" e, 11, 15,
    48, 66-67, 119
bebês
  desenvolvimento dos, 49, 173
  identificação projetiva e, 116 17,
    24, 118, 161
  impulsos sádicos-orais, 109, 170
  mães e, 62
  masturbação anal, 34, 161
  orifícios, exploração de, 125
beleza, 67, 82, 84, 103-104, 106-108,
  117, 124-126, 157, 165, 175, 182, 204
Bick, Esther, 45
Bion, W. R.
  alívio do sofrimento psíquico, 57
  consciência, 154, 160

  conselho aos analistas, 71
  desenvolvimento da mente, 69
  ego e, 68
  epistemologia, 205
  estados psicóticos limítrofes, 58,
    99, 159, 161
  Freud e, 100, 155, 159, 160
  grupos de pressupostos básicos,
    11, 66, 128, 211
  pacientes esquizofrênicos, 69
  pensamento, conceito de, 10, 66-
    67, 99, 203
  processos de identificação
    projetiva, 45, 100
  teorias de, 10, 67
  teoria do afeto, 67, 82, 87-88, 204
  terror sem nome, 127, 207, 235
Bosch, Hieronymous, 95, 125

cabeça/seio, 104, 123, 127, 131, 148,
  204, 211, 214
Caim, 127
cálculo, 105, 151
"Carta Roubada" (Edgar Allan Poe), 34
catastrófica, mudança, 75, 204
causalidade, 108, 110
  formação em psicoterapia
    infantil, 45
ciúme, 48-49, 108, 119
claustrofobia, 15, 50, 60, 95, 128-129,
  153
  desconfiança do objeto e, 50
  Klein sobre, 15
  masturbação anal e, 128
  psicose limítrofe e, 81
  tempo e, 53
  Weddell sobre, 60
Clínica Tavistock, 44, 68, 166
Coleridge, Samuel Taylor, 165, 244

comodidade, 121
complexo de Édipo, 26, 37, 28, 186
    aspectos genitais, 37
    escapar ao, 26
comunicação, 19, 28, 54, 71-72, 103,
    105-106, 136, 141, 152, 154, 163,
    170, 173, 187-188, 205, 209, 213,
    227, 230, 240, 248
comunidade, 123-126, 128, 181-182,
    191, 196, 199-200, 209-210, 214
confiança, deficiência de, 48, 50, 114
confusão, 24, 23, 53, 55, 57-59, 64,
    70, 101, 109, 119, 129, 136, 177,
    185-188, 198, 206
conhecimento, sede de, 108
consciência, 6, 112, 146-148, 151-
    152, 154-156, 160, 162, 164, 172,
    175-176, 180, 186, 197-198, 203,
    234, 239, 253
continuidade, 37, 47, 60, 72, 154,
    156, 176, 177, 187
"Conto de Inverno" (William
    Shakespeare), 251
contratransferência ver também
    transferência, 101, 109, 119, 130,
    136, 140, 142, 153-154, 156, 186,
    189-190
crucificação, 206

degradação, 125, 128, 180, 183, 213-
    214, 220, 232
delírio, ver também esquizofrenia,
    15, 41, 49, 83, 101, 105, 107, 109-
    110, 117-119, 211
depressão, 17, 56, 67, 100, 102, 123,
    148, 192
descontinuidade, 154, 156
"Desenvolvimento kleiniano, O"
    (Donald Meltzer), 68-69
"Divisão do ego no processo de
    defesa, A" (Sigmund Freud), 65
Dream life, 11, 69

"Ego e o id, O" (Sigmund Freud), 165
emotividade, 112, 136, 138, 188, 198,
    200, 204
equivocação, 218, 224, 226, 230-231,
    233, 237-238, 244, 247
esporte, 156, 205
"Estados sexuais da mente" (Donald
    Meltzer), 61, 66, 81, 203
estabilidade, 58, 153, 155, 176-177,
    183, 190
estrutura, 11, 13-15, 23, 26, 28, 36,
    46, 48, 53, 59-60, 64, 68-69, 71,
    88-89, 99, 114, 116, 118, 127, 136,
    147, 153, 159, 165, 167, 169-170,
    173-175, 203, 210, 214, 218, 220
ética, 128-129, 176, 190, 196-197,
    212-114
Explorations in Autism (Donald
    Meltzer e outros), 11, 44, 76, 87, 175
    apoio dos colegas, 44
    experiência a partir de, 11
    grupo de pesquisa, 44
    temas delineados em, 11
    Weddell e, 44
exposição, 36, 71, 95, 180

falos, ver também pênis fecal, 25,
    124-126
fantasias inconscientes, 11, 13, 34,
    44, 73, 125
fecal, pênis, ver também falos, 39-42,
    128-130, 205-207
"Festa de Aniversário, A" (Harold
    Pinter), 171
fetichismo, 64, 67, 126
fezes, 23-25, 28, 31-34, 37, 40, 42, 185
    masturbação anal e, 34

narcisismo e, 42
"Flautista, O" (Robert Browning), 195-196
Freud, Sigmund, 10, 13, 15, 19, 22-23, 34, 42, 44, 61-66, 70-71, 87, 100, 106, 136, 155, 159-161, 163, 165, 187, 203
  "Apreensão do belo", 12, 73, 82, 100, 102, 175, 203
  consciência, 203
  influência de, 15, 61
  linguagem, 106
  narcisismo primário, 70
  neuroses narcísicas, 100
  neurose, 65, 77, 99, 119, 187
  princípio do nirvana, 163, 165
  quatro categorias de exposição, 71
  Schreber e, 160
  teorias anais, 22

Goethe Johann Wolfgang von, 126
grandiosidade, 104, 130, 165

Hamlet (William Shakespeare), 217-218
Harris, Martha, 45, 71, 87
Heimann, Paula, 15, 23, 43
hierarquia, 140, 178, 180, 192, 211, 219, 238
hipocondria, 11, 19, 25, 55, 100, 121, 181
homossexualidade, 19, 26
Hoxter, Shirley, 44-45

id, 13, 165
identificação, 9-11, 13-26, 30, 33, 35, 42-60, 66, 69, 72, 83-84, 88, 94, 99-104, 107-110, 118, 123-127, 147, 154, 161, 164-166, 172-174, 178-179, 181-186, 191-195, 203, 219, 222
"Identificação e socialização na adolescência" (Donald Meltzer), 66
identidade, 24, 35, 47, 57, 59, 99, 109, 115, 119, 153, 132, 135-136, 147, 154-156, 173, 176, 183, 187, 189, 198, 200, 206
imaturidade, 58, 88, 127, 137
inferno, 162, 197, 210, 218, 220, 243, 247, 252, 253, 256
insight, 10, 17, 35, 41, 100-101, 104-105, 107, 109-110, 117-119, 144, 211, 250
instabilidade, 58, 123, 151-154, 176-177, 190, 197, 222, 224
instrumentos, 105-106, 151, 196
internalização, 16-17, 70
interpretação, 27, 31-35, 38, 55, 60, 63, 76, 89, 106, 109, 168, 189
intrusão, 16, 24-25, 30, 38, 44, 53, 83, 89, 95, 100, 103-104, 108, 125, 191, 207
intrusiva, identificação, 83-84, 88, 93-94, 101, 103-104, 123-124, 127, 147, 191-192, 195-196, 203-204
inveja, 15, 18-19, 43, 48-49, 60, 75, 108-109, 126, 147, 229, 235
"Inveja e gratidão" (Melanie Klein), 15, 43, 49, 60, 75

"Jardim das Delícias Terrenas, O" (Hieronymous Bosch), 95
Jardim do Éden, 196
Jó, 205
Joseph, Betty, 18, 48
julgamento, 69, 100, 105, 107, 114-115, 117-119, 143, 165-166, 170, 178-179, 213, 228

Keats, John, 166, 229
Kierkegaard, Søren, 119, 126
Klein, Melanie

alívio do sofrimento psíquico, 57
ataques fantasiados aos objetos, 67
Bion e, 68-70, 99
dimensão geográfica, 205
fantasias inconscientes, 44, 73
Freud e, 10, 50, 70, 100
identificação projetiva, 13, 17-22, 42, 66, 69, 107, 173
inveja, 49, 60
masturbação, 22, 41-42, 44, 58
modelo de mente, 159
paranoia, 14, 49-50, 103
posição esquizoparanoide, 9, 82, 99
self, evolução do, 14, 17, 58, 88

LHK (amor, ódio e conhecimento), 77, 88, 129, 192
 "Apreensão do belo" e, 12, 73, 82, 100, 102, 175, 203
 positivos e negativos, 67, 174
 sistema delirante e, 81, 85, 88, 99, 143, 156, 159-160, 162, 164, 166, 170-171, 207
libido, 13, 18-19
linguagem, 71-72, 106, 115, 141, 169-171, 197, 212, 217, 220, 224-225, 227, 233, 237, 242

Macbeth (William Shakespeare), 132, 217-251, 253
 argumentos recíprocos, 237
 Banquo, 224, 235-239, 241-243, 247, 254-255
 Birnam Wood, 250-251
 bruxas: chamando Macbeth, 218-224, 227, 230, 233-234, 240-242, 244, 246-247, 249-251
 Coleridge sobre, 165, 244
 degradação e, 126-128, 180, 183, 213, 220, 232
 "demônios pintados", 221, 245
 Duncan, 222, 224, 226-230, 235-236, 239, 243, 245, 248, 250-253
 Dunsinane, 247
 equivocação: ambiguidade usada no texto, 218, 224, 228, 230-231, 233, 237-238, 244, 247
 Escócia, 201, 243, 245-246, 250
 falsa intimidade de Macbeth com, 231, 239
 Fleance, 236, 238
 infanticídio, 233, 236 244-245,
 Lady Macduff, 242-244
 loucura de Macbeth, 239, 248
 Macduff e, 118-119, 241-247, 250, 255
 Malcolm, 245-246, 250
 "mal do rei", 245
 masculinidade de Macbeth, 219, 232-233, 237, 248
 névoa de, 218, 227, 230, 252
 personagem de, 217-219
 perversão da feminilidade, 218, 227
 processos de pensamento de Macbeth e, 221
 Shakespeare, 76, 165, 217-218, 220-226, 230-233, 236, 239, 242-243, 245, 248, 251
 problemas para a atriz, 132
 Ross, 243-244
 Siward, 251
 refrão, 242, 248
 Thane de Cawdor, 222, 252
Macbeth's wordplay (M. M. Mahood), 218
Mãe Terra, ver também mães, 90
mães
 bebês e, 30-31, 69, 90, 110, 115, 125, 170
 cabeça/seio, 90, 104
 capacidade de *rêverie*, 173

ciúme e, 49
como *self* mau, 9, 14
estudo de caso, 45-46, 110
excrementos, 9, 14, 90
identificação delirante com, 26
interna, 16, 87, 90, 127, 151, 164
internalização da, 16, 70
projeção para dentro da, 84
identificação projetiva e, 16, 24, 26, 60, 84, 118, 161, 172
reto, 25, 33, 44, 94, 127
sadismo oral da criança, 62
seio-latrina, 56
maníaco-depressivo, 14, 71, 100, 123, 186
Mann, Thomas, 126
masoquismo, ver também sadomasoquismo, 62-64, 66, 77, 142, 204
"Masturbação anal e sua relação com a identificação projetiva, A" (Donald Meltzer), 22, 58
masturbação, ver também
importância dos processos de masturbação anal, 10-11, 17, 22-26, 28-29, 34-37, 41-42, 44, 46, 58, 74, 102, 124-126, 128, 147, 154, 161, 167, 169, 199
identificação projetiva e, 10-11, 16-17, 22-25, 30, 42, 58
Klein sobre, 44
onipotência e, 44, 102, 142, 248, 251
promulgação da fantasia de (com o outro), 102
sono e, 177
Memoir of the future, A (W. R. Bion), 11-12, 75, 77, 204
mente, 10, 19, 27, 58-59, 61, 66, 69-70, 72-73, 81, 83-84, 87-88, 94, 99- 100, 102-103, 107, 110, 124, 127, 123, 145-146, 154-156, 159, 162, 172, 175, 180, 182, 189-190, 195, 203-205, 207, 211-212, 217, 219-225, 233-236, 240-247, 250-251, 255
metapsicologia ampliada, 187, 203, 205
Milton, John, 92, 104, 160, 165, 196, 205, 220, 222
Money-Kyrle, 19, 88, 160
morte, 13, 15, 61, 63-64, 67, 74, 93, 96, 113, 129, 132, 165, 203, 217, 223, 229-230, 235, 238, 240, 246-247, 249-250, 253, 256
pulsão de morte, 63, 165

Naked Babe, The (C. Brooks), 218
narcisismo, 11, 14, 70, 136
"nenhum, lugar", 81, 159-162, 164-166, 171
neurose, 24, 43, 65-66, 77, 100, 120, 141, 187
"Neurose e Psicose" (Sigmund Freud), 65
Newton, Isaac, 151
nirvana, princípio do, 163, 165
"Notas sobre alguns mecanismos esquizoides" (Melanie Klein), 9, 14, 20, 43

Oblómov (Ivan Gontcharóv), 121, 123, 148, 190, 200, 210
ostentação e, 200
Proust e, 121, 123, 148, 190
mundo de, 121
obsessivos, estados, 23-24, 37
Odisseia (Homero), 94, 97
"Oferenda a Vênus" (Ticiano), 125, 132
onipotência, 44, 102, 142, 248, 251
onisciência, 89, 93, 105, 108, 111, 116, 242, 246
Orwell, George, 128

pais, 18, 25, 28, 36-37, 39, 50, 59, 61,
 84, 94-95, 101, 113-114- 119, 123,
 175, 186, 196, 200, 206
paraíso, 95-96, 160, 162, 165, 218
Paraíso Perdido (John Milton), 96,
 160, 165, 252,
paranoia, 14, 49-50, 103, 171
pensamento, 10, 21, 28, 64, 67-70,
 72-73, 82, 83, 85, 100, 102, 105,
 108, 110, 128, 138, 147, 152, 164-
 165, 173-174, 176, 179-180, 183,
 189-190, 198, 204, 207, 209-210,
 221-222, 224, 230, 236, 242, 245,
 251-252
perseguição, 17, 50, 53, 73-74, 169, 191
"Persecutory anxiety in a four year
 old Boy" (Betty Joseph), 48
Perugia, 73
perversões, 11, 34, 64-67, 129, 192,
 203-204
Pincher Martin (William Golding), 22
Pinter, Harold, 165, 171
Platão, 155, 161, 210
posição esquizoparanoide, 10, 14-15,
 82, 129
princípio do prazer, 63, 176
preconceitos, 178-179
primário, narcisismo ver também
 narcisismo, 70
"Problema econômico do masoquismo,
 O" (Sigmund Freud), 63, 66, 77
Freud, 63
processos de clivagem e, 65
processos de clivagem na análise, 11,
 167, 169, 187, 189
 alívio trazido pelos, 82, 197
 Bion, 10, 99
 ego, 13-14, 65, 69
 Klein e, 10, 15, 17, 24, 66, 69, 82, 117
 narcisismo e, 48

papel dos, 38
self e, 9, 13-14, 17, 38, 48, 69, 82,
 117, 173, 185, 189, 195, 203
 crianças pequenas, 56, 68, 176
Proust, Marcel, 125, 121, 123, 148,
 190, 214
PsnD, 67, 88, 99, 153
pseudomaturidade, 23, 28, 36-37,
 42-44, 120
erotismo anal e, 23
idealização da, 36
resistência à mudança na, 100
psicanálise, 9-10, 36, 61, 100, 106,
 140, 151, 174, 179, 209-214
"processo psicanalítico, O" (Donald
 Meltzer), 46, 76, 137, 144-145
psicopatologia, 19, 58, 67, 88-89, 118
psicopata, 103, 128
psicose, 14-15, 36, 58, 65
Purgatório, 162

quarto dos pais, 113
querubim, 230, 253

Renascença, 220
reto
 exploração do bebê, 24
 características, 29
 idealização do, 25, 28-30
 identificação intrusiva, 24
 da mãe, 40, 44, 94, 127
Ricardo II (William Shakespeare), 224
Rosenfeld, Herbert, 15, 19

sadomasoquismo, 125, 127, 192, 206,
 211
Sartre, Jean-Paul, 162
Satã, 93, 128, 160, 205, 220
esquizofrenia
 Bion e, 85

delírio e, 101, 143, 171
mundo "lugar nenhum" da, 159, 171
identificação projetiva e, 9, 15, 19
Schreber, Daniel, 160, 170
seio-latrina, 56-57, 61, 140
self, 9-10, 13-15, 17-18, 24, 38, 48, 51, 55, 57, 60, 68-69, 72, 82, 84-85, 88-89, 94, 117, 129, 155, 161, 173, 185-186, 189-190, 195, 203, 205-206, 213, 220, 226, 230, 234, 244, 251
ênfase no, 88
objetos internos e, 57, 84, 88, 173, 186, 211
intimidade e, 174
identificação projetiva, 9, 17, 48, 54, 59, 69, 88, 185
clivagem, 9, 13-14, 18, 48, 69, 82, 85, 117, 174, 185, 136, 189, 203, 234
separação, intolerância a, 40, 48
sexualidade, 61, 63, 87, 93, 112-113, 128, 170, 178, 199-200, 203, 205
"Sobre a identificação" (Melanie Klein), 115, 20, 49
sofrimento, 16, 39, 41, 56-57, 83, 117, 144, 205
sonhos
aspectos anais masturbatórios, 29, 37-38
análise, 28, 33, 37, 101, 106, 112, 135, 145, 153, 187, 189
estudos de caso, 114, 143
esclarecimento por meio de, 27, 106, 139
e linguagem, 143
sono, 83, 124, 177, 235-236
Smith, Catherine Mack, 166
sobrevivência, 127, 143, 162, 165
Spillius, Elizabeth, 67, 75
Spitz, 23
Studies in extended metapsychology
(Donald Meltzer), 11, 73, 102, 203
suicídio, 25, 36, 129, 168, 170, 249
superego, 13, 88, 160
surrealista, 175

Tavistock, Clínica, 45, 68, 166
Teoria psicanalítica da libido
(Abraham, Karl), 19
teoria do pensamento, 204
"Terror e miséria no Terceiro Reich" (Bertolt Brecht), 163
"Três ensaios sobre a teoria da sexualidade" (Sigmund Freud), 203
tempo, 35-36, 45, 47, 49, 53, 56, 82, 94, 106-107, 109, 114, 116, 118, 121, 131, 137-139, 148, 152, 155, 168, 170-171, 175, 197-198, 228, 231, 243, 246, 254-256
terror, 50, 74, 127, 163, 205-207, 233, 235-236, 238
terror sem nome, 127, 207, 235
treino de toalete, 23

viagem, 129, 138
vida familiar, 91, 136, 147, 170, 177-178, 196, 199-200, 251
"Vida Onírica" (Donald Meltzer), 68-69

Weddell, Doreen, 44, 60, 73, 87, 175
Williams, Meg Harris, 11, 73, 102, 171, 203, 217
Wittgenstein, Ludwig, 106, 115, 174
"Homem dos Lobos", 22, 62-65
Woolf, Leonard, 209

"Zelador, O" (Harold Pinter), 171